すみれの花咲く頃、矢車菊の花咲く時

――おしゃべりシャンソン――

三木原 浩史

鳥影社

すみれの花咲く頃、矢車菊の花咲く時

――おしゃべりシャンソン――

目次

すみれの花咲く頃、矢車菊の花咲く時

――おしゃべりシャンソン――

シャンソンへの誘《いざな》い

時折、お話しを頼まれることがあります。学会や研究会での特別講演とか、大学が開く市民向け公開講座とか、シャンソンコンクールでの公開講演とか、あるいは、数十人ほどの小さなサロンでのおしゃべりとか、……定年後は、とくに喜んでお引き受けすることにしています。テーマが自由な場合には、フランス文化のなかでも、「シャンソン」、——もっと丁寧にいえば、「ラ・シャンソン・フランセーズ」(la chanson française)、——について、お話しすることにしています。

その原稿が、——予備のものも含めて、——かなりの本数がたまりました。そのなかから、比較的興味をもっていただけそうなもの「六話」を選び、一冊に編んだのが、拙著です。平均的な大学一年生ならだれでも分かるように、そしてフランス語を学んでいないひとにも理解できるように、平明なことばと表現を心掛けたつもりです。

「第一話　白井鐵造《てつぞう》と『すみれの花咲く頃』」では、白井鐵造作詞『すみれの花咲く頃』の元歌は、フランスのシャンソン『白いリラの花咲く頃』ですが、白井鐵造は、なぜ「リラ」を「すみれ」に置き換えたのかを、明らかにします。フランスで春の花の代表といえば、まずは華やかなリラでしょうに……。その問いへの答えは、白井が二年間のフランス遊学から戻ってすぐのころ、宝塚の月刊誌『歌劇』第一二六号（一九三〇年九月発行）に掲載した、一見、不明朗な一文、――《パリゼットに用いた「君の御手のみマダム」と「菫の唄」（これは「白きリラの花咲く頃」を菫に私がなほしたのです）は、メレエと彼女の相手役のピッサリー氏によって唄はれたものであります》、――を解読することで、判明します。

（第八回浜松シャンソンコンクール特別講演（二〇一四年十月五日）、日本フランス語フランス文学会中国四国支部学会特別講演（二〇一五年十一月十一日、於 岡山大学）、神戸学院大学グリーンフェスティバル講演（二〇一五年十二月三日）等における、それぞれ別個の原稿を再構成したものです。）

*

「第二話　ミスタンゲットのシャンソン『パリゼット』（*Parisette*）」では、ミスタンゲットが歌っていたシャンソン『パリゼット』の歌詞について考察しています。このシャンソンは、白井鐵造演出の最初のレヴュ『パリゼット』のタイトルにもなりましたし、白井自身の訳で、このシャンソンを歌わせています。レヴュの筋を辿《たど》り、原詩のシャンソンを読むだけで、一九二〇年代後半のパリの爛熟《らんじゅく》した文化が、彷彿《ほうふつ》とされます。また、「パリゼット」(Parisette) というフランス語には、「パリ娘、パリ小町」以外に、もうひとつ重要な意味がありました。それは?……、読んでのお楽しみです。

〔第八回浜松シャンソンコンクール特別講演（二〇一四年十月五日）、日本フランス語フランス文学会中国四国支部学会特別講演（二〇一五年十一月十一日、於 岡山大学）、神戸学院大学グリーンフェスティバル講演（二〇一五年十二月三日）等における、それぞれ別個の原稿を再構成したものです。〕

＊

「第三話　モンマルトル讃歌、またはノスタルジー」では、大好きなモンマルトルを対象にしたシャンソンを取り上げています。モンマルトルは、十九世紀末ごろから第一次世界大戦が勃発する一九一四年までの、いわゆる「ベル・エポック」の時代に、ボエーム（ボヘミアン）と呼ばれる芸術家たちが住み着き、芸術文化の中心となりましたが、ここでは、ベル・エポック後の両大戦間に活躍したフレエルと、戦後〈白い貴婦人〉として人気を博したコラ・ヴォケールというふたりの名歌手が歌うモンマルトルへの想いをとおして、ノスタルジーのあり方を比べています。

〔シャンソン研究会編「シャンソン・フランセーズ研究」第四号（二〇一二年十一月発行）記載原稿を加筆修正したものです。〕

＊

「第四話　フランス国歌『ラ・マルセイエーズ』をめぐって」では、フランス革命期に、工兵将校ルージェ・ドゥ・リールによって、一夜のうちに作詞作曲された『ライン軍のための軍歌』が、数ヵ月後には、『ラ・マルセイエーズ』と呼ばれるようになった経緯《いきさつ》、また、「ラ・マルセイエーズ」というカタカナ表記の「日本語訳」の提示、そしてなによりも、この猛々《たけだけ》しい歌は、本来、「だれ」に、あるいは「どこ」に、向けられたものだったかを、明らかにしています。王政、あるいは王様に対して、ではありません。

ところで、『ラ・マルセイエーズ』が、憲法上に国歌と明記されたのは比較的最近で、第二次世界大戦後の第四共和政下、一九四六年十月二十七日に発布された新憲法「第二条第三項」のなかで、ということをご存じの方いらっしゃいますか？

〔島根大学法文学部フランス文化論集中講義（二〇一六年八月八日）の原稿を加筆修正したものです。〕

「第五話　アンドレ・ジュベールの『ぼくのブロンド女性のそばで』」では、十八世紀初めの一七〇五年に、ほぼ現在の歌詞で印刷出版されましたが、こうした伝承シャンソンにはつきものの論理的矛盾を抱えており、歴史的にさかのぼった元歌をもとに、解明を試みています。

*

ところで、このシャンソンは、ふつう『ブロンド娘のそばで』という邦題で知られています。原題は〈Auprès de ma blonde〉で、これだけ見れば、フランス語の〈blonde〉が、金髪娘か、金髪女か、判別はつきません。もちろん、未婚か、既婚かも。作詞された時代に、子供の歌などという範疇《はんちゅう》はありませんでした。すべて、大人の歌でした。しかし、現在では、子供たちが、人生の初期に、まずは「童謡」として耳にするものなので、可愛らしく、〈ブロンド娘〉という訳を採用しているのでしょう。

じつは、わたしも、かつて、世間一般の立場に譲歩して、『ぼくのブロンド娘のそばで』というタイトルで、エセーを認《したた》めたことがありますが（『シャンソンのエチュード改訂版』彩流社、二〇一六年）、ただ当時から、成熟した〈ブロンド女性（金髪女）〉と、まずは捉える方がいいと思っていました。子供から思春期へと成長していく段階で、次第に、大人の感覚で受け止めていくようになるでしょうから。

そこでここでは、タイトルを『ぼくのブロンド女性のそばで』と改題し、歌全体の主調は、初心《うぶ》な娘より、むしろ艶めかしい女性にあることを、明らかにしています。ただ、史実や用いた資料は、『シャンソンのエチュード改訂版』〔彩流社〕と同じですので、歴史的背景を語る部分で、重なることをご容赦ください。

〔説話・伝承学会公開講演（二〇一一年四月三十日、於 神戸大学）、信州大学人文学部仏文科同窓会招待講演（二〇一三年八月十七日、於 信州大学）における原稿をもとに、全面的に書き直し再構成したものです。〕

＊

紹介が最後になりましたが、ほんとうのところ、一番最初に読んでいただきたいのが、「第六話　ジルベール・ベコーと『詩人が死んだ時』」です。わたしが「ラ・シャンソン・フランセーズ」に関心を抱くきっかけになったシャンソンです。三十歳のとき、長期入院のベッドのなかで、たまたま耳を傾けていたトランジスターラジオから流れてきたのが、この『詩人が死んだ時』でした。ベコーの歌声の陽気なこと！……　ときに死を思わざるを得なかったわたしに、この鎮魂歌は、――〈……死んだ時〉なのですから、レクイエムでしょう、――なぜか「生きよ！」のメッセージを届けてくれました。その理由が、歌詞のなかの「矢車菊」にあったことに気づいたのは、もっと後年になってからでした。

〔京都大学フランス語学フランス文学研究会特別講演の完全原稿です（二〇一三年五月十八日、於 京都大学）。その後、想像文化研究組織ＩＣＩ主催の講演（テーマ「残された時間の向き合い方」）や、フランス文学者中村啓佑氏主宰の「レクチャーコンサート」で、この『詩人が死んだ時』論の一部分を取り上げました。〕

以上、わたしのおしゃべり「六話」を、どうぞ気楽にお楽しみください。会場にいるかのような臨場感を抱いていただければ、成功です。

第一話　白井鐵造《てつぞう》と『すみれの花咲く頃』

――リラとスミレとフリーダーと――

はじめに

ウォルト・ホイットマン（Walt Whitman, 1819-92）の詩集『草の葉』（Leaves of Grass）には、南北戦争（一八六一―六五）勝利後、凶弾に倒れたリンカーン大統領（Abraham Lincoln, 1809.2.12-1865.4.15）を悼む、文字通り「リンカーン大統領の追憶」が収録されていますが、その冒頭の詩篇「先頃ライラックが前庭《ぜんてい》に咲いた時」（*When Lilacs Last in the Dooryard Bloom'd*）は、次のように開始されています〔岩波文庫、酒本雅之訳、一九九八年〕。

先頃ライラックが前庭に咲き、／大きな星が時ならず西の夜空に沈んだとき、／わたしは嘆き悲しんだが、しかし蘇ることをけっして忘れぬ春とともに悲しみも蘇りつづけるだろう。

蘇りを忘れぬ春よ、三つの宝をあなたはきちんと届けてくれる、／年ごとに咲くライラックと西空に沈む星と、／そしてわたしの愛するあの人の思い出を。

リンカーンが暗殺されたのは、一八六五年四月ですから、ライラックが咲き誇る季節。その柩《ひつぎ》は、たくさんのライラックの花で覆《おお》いつくされたとか……。「ライラック」は、《一本でも切られると、他のライラックは喪に服し、翌年は花を咲かせない》との言い伝えがあることから、「喪」を表象する花とされています〔アト・ド・フリース著、山下主一郎主幹『イメージ・シンボル事典』大修館書店、一九八九年〕。

一方、引用した詩行でも明らかなように、「ライラック」は《蘇りを忘れぬ春》、――巡りくる春、――言い換えれば、「再生」の象徴でもあります。また、西の夜空に沈む「大きな星」とは、訳者酒本雅之氏の注によれば、「金星」を指すそうです。つまり、ここでは宵の明星ですが、その比喩するところまでは、訳者は詳《つまび》らかにしてはいません。素直に読めば、「巨星、堕つ」、――つまり、「偉大なるリンカーン、死す」、――のイメージでしょうね。そして、もちろん、引用最後の《わたしの愛するあの人》は、リンカーンそのひとです。

しかし、アメリカ合州国から、――そう、決して合衆国ではありません――、いったんヨーロッパに目を移せば、「金星」は、中世以来、カトリック教会にあって「海の星」(Stella Maris ステラ・マリス）とも呼ばれ、――ただし、宵の明星というより、どちらかというと「明けの明星」の場合のようですが、――「聖母マリア」の象徴でありつづけています。しかも、聖母マリアは、身に着けた赤い衣装と青いマントで〈天の聖愛と真実〉を表わすとされていますから、ここにあって、奇《く》しくも、奴隷解放のために戦ったリンカーンの〈地上の愛と真実〉と、見事なアナロジー（類比）を構成していることにもなります。

が、いまはそれでいいでしょう。ともかくも、「ライラック」＝「春」であることを、――つまりは、「喪」＝「死」とは正反対の「再生」のイメージを、同時に内包しているということを、――記憶に留めておきましょう。前掲書にも、しっかりとこう記載されています、――《青春、初恋、春を表す》、――と。この後者のイメージこそ、特別な文脈にあって、特別な比喩を担わされたライラックではなく、だれしもにとって、あたりまえの、ごくふつうの感覚で捉えられる花の姿でしょう。

ジャック・シャルドンヌ（Jacques Chardonne, 1884-1968）は、小説『ロマネスク』（*Romanesques*）のなかで、登場人物たちに次のように語らせています。引用は、五十年ほど前の学生時代に古本屋で買った、神西清訳、一九五〇年九月三十日に新潮社から発行されたもので、年代物です。残念ながら、フランス語版は手元に持ち合わせていませんので、神西訳で引用します。

「あの連中はリラの花が好きですねぇ。セーヌの岸の斜面では、リラにしかお目にかかれませんね。」

「あの花を、売るのが好きなんですわ。あれは一番ありふれた種類で、一番きれいで、しかも一番先に咲きますの。……あの花が咲けば、いよいよ春ですのよ。……四月になると、パリで、小さな車に積んで、あれを運んでいるのを御覧になりませう。あれがつまり、この辺のリラなんですの。めいめいが摘みとった花を、往来へ積みあげて、それから荷馬車で、市場へ出しますのよ。……」〔三六頁〕

長く暗く冷たい冬の後に、陽光とともに一挙に訪れたパリの春が、――リラの花咲くパリが、――まぶたに浮かびます。

白井鐵造《てつぞう》記念館

二〇一一年九月下旬、第五回「浜松シャンソンコンクール」を終えた翌日のこと、主催者

白井鐵造記念館（浜松市HPより転載）

の河野《かわの》周平《しゅうへい》・善子《よしこ》ご夫妻のお誘いで、浜松市春野《はるの》町にある「白井鐵造記念館」に向かいました。運転は周平氏。浜松市内とはいえ、車で一時間半ほどの遠方です。町の中心地をでてしばらく走ると、突然、気田《けた》川が姿をあらわします。下流で天竜川に合流しますが、今日の好天に、川面は穏やかに青緑色に映えています。数日前に起こった、天竜川下りの遊覧船横転事故の影響か、一艘《そう》の舟影も、人影もありません。川沿いの道路を少しさかのぼると、すぐにも森のなかに入り、鬱蒼《うっそう》とした樹木が、車道の両側に緑の壁をつくっています。折から差し込んだ光が葉叢《はむら》に反射し、片方の斜面全体が、一瞬、きらめきました。

「着きましたよ」の声に、車から降ります。かなり、辺鄙《へんぴ》な山あいの村、——いや失礼、それでも町、——です。これでは、見学者は、めったに訪れることもないでしょう。駐車場からすぐのところに、こぢんまりとした記念館はありました。質実に、しかし、それでもしっかりとした存在感をもって。受付はありません。無料です。心意気や良し……。

この町、——現浜松市天竜区春野町（旧周智《しゅうち》郡犬居《いぬい》村犬居）、——で、白井鐵造は生まれました。一九〇〇年四月六日のことです（亡くなったのは、一九八三年十二月二十二日）。もっとも、鐵造は改名後の名前で、元々は「虎太郎」だったそうですが、その白井の功績を示す重要な資料は、ほぼすべて、公益財団法人阪急文化財団「池田文庫」（大阪府池田市）に収められています。だから、ここ浜松市天竜区春野町には、ほとんどなにもありません。それでも、故郷に錦を飾ったもの、故郷の名を世に知らしめたものに、故郷は必ずや善意をもって報いるでしょう、――具体的な形あるものとして。

まずは、一九八二年に春野町名誉町民に。もっとも、二〇〇五年に浜松市に吸収された後は、浜松市名誉市民と呼ぶべきでしょう。次に、一九八三年には犬居すみれ会が春野町に『すみれの花咲く頃』の歌碑を建立。これを機に、宝塚歌劇団との交流が始まりました。白井鐵造生誕百年の西暦二〇〇〇年からは、宝塚市にすみれの花を寄贈するようになり、春野町（合併後は浜松市）と宝塚市のすみれ交流は、いまも続いているそうです。

さらに、時系列でいうとさかのぼりますが、一九八七年四月一日には、河野さんご夫妻に案内していただいた件《くだん》の「白井鐵造記念館」が建てられました。この記念館、研究面だけにかぎれば、さほど価値があるとは思えませんが、一般の見学者が想像世界で追想するうえで必要な、白井の使用していた家具、身の回りの愛用品、そして幾枚かの宝塚歌劇団のポスター等々が、整然と並べられていて、その展示の簡潔さに、好感を抱きました。そのとき、狭い室内には、わたしひとり。静謐《せいひつ》さが空間を支配し、やがてわたしの内部にまで浸透してきました。

十数分後、そっとドアを押し開けて外に出たとき、入館時に気づかなかった小さな「前庭」が目に入りました。しかるべき季節がめぐってくれば、ここに、紫色のスミレの花々が咲くとか、……ホイットマンの詩句を捩《もじ》れば、いいいいいいいいい、先頃スミレが前庭に咲き、なのでしょう。爽《さわ》やかな気持ちで、さよならを告げました。

白井鐵造《てつぞう》

その白井鐵造氏（一九〇〇―八三）、阪急電鉄、――前身は箕面有馬《みのおありま》電気軌道、――の創始者である小林一三《いちぞう》氏に、演出家としての才を認められたことが、人生を決めました。海外視察は、戦前戦後を合わせて五回。その間、持ち帰った貴重な文献・資料は、パンフレット・プログラムの類も含めて膨大な量になります。ジャンルも、関心の広さを反映してか、オペラ、バレー、シネマ、テアートル、ファッション……等々、じつに多岐多彩です。カルチャー・ショックに、その都度、率直に反応した結果の集積でしょう。

白井鐵造
（白井鐵造記念館パンフレットより）

そのなかに千五百曲にも及ぶシャンソン・フランセーズの「楽譜コレクション」があります〔前掲「池田文庫」所蔵〕。もちろん、フランスで出版されたものばかり、いまでは入手困難なものも多く、出版年の記載されたもので、一番古い楽譜が一九〇九年、新しいのは一九五九年ですから、ちょうど半世紀にわたる成果です。収集に、十九世紀以前のもの、――たとえば、「伝承シャンソン・フランセーズ」(la Chanson Française Traditionnelle) の類、――は、一曲も含まれていなかったと思います、……記憶違いかもしれませんが。洋行がそう簡単でなかった時代、現実のパリ文化の吸収に精一杯《せいいっぱい》、フランスを歴史的に振り返る余裕がもてなかったゆえ、と想像できなくもありませんが、忘れてならないことは、一九〇〇年生まれの白井氏にとって、コレクションのシャンソン・フランセーズは、同時代の「流行歌」(Chanson à la mode) であり、いま「現在」の生きた歌声だったということです。このことは、氏の音楽的感性の瑞々《みずみず》しさだけでなく、氏が豊かで鋭い時代感覚の持ち主であったことをも示しています。なぜなら、いつの世も《歌は世につれ、世は歌につれ……》で、大衆の好む平易な歌は、いわゆる高尚なクラシック音楽の場合以上に、それが肯定的であれ否定的であれ、時代精神を、――時局を、――反映せずにはいないからです。

かつて、このコレクションを前にしたとき、とくに、〈両大戦間〉に活躍した歌手に、心が惹《ひ》かれるのを覚えました。たとえば、ミレイユ、リス・ゴーティ、フレエル、ダミア、ティノ・ロッシ、モーリス・シュヴァリエ、ミスタンゲット、ジョゼフィン・ベーカー（ジョゼフィーヌ・バケール）、マリー・デュバ、リュシエンヌ・ボワィエ、……等々です。そして、その歌手たちが歌う曲想に思いを致し、「歌詞＝ことば」を丁寧に考察・分析することで、ともすれば歴史の大情況からこぼれ落ちがちな〈小さな真実〉を、――等身大の男女が抱く、喜びや悲しみや怒りや諦めや、……の感情を、――共にすることができるだろうと、夢を馳せました。いまも夢は夢のままですが。

この楽譜コレクションには、今日《こんにち》ではレコードでも耳にできないシャンソン・フランセーズも多数あり、それはそれ、そこに掘り出し物を再発見する可能性が秘められています。「未来」の驚きと楽しみに期待しましょう。

すみれの花咲く頃

ところで、「白井鐵造」といえば「宝塚歌劇」、——「宝塚歌劇」といえば白井鐵造作詞『すみれの花咲く頃』でしょう。ことほど左様に、白井鐵造氏は、宝塚発の日本における「シャンソン」のイメージを決定づけました。団歌ではないまでも、初めて歌われた一九三〇年のとき以来、二十一世紀になったいまも、宝塚歌劇の代表歌に違いないのですから。

一 春すみれ咲き　春を告げる／春何ゆえ人は　汝《なれ》を待つ／楽しく悩ましき　春の夢　甘き恋／人の心酔わす　そは汝／すみれ咲く春

すみれの花咲く頃／はじめて君を知りぬ／君を想い　日ごと夜ごと／悩みし　あの日の頃／すみれの花咲く頃／今も心奮《ふる》う／忘れな君　われらの恋／すみれの花咲く頃

二 花の匂い咲き　人の心／甘く香り　小鳥の歌に／心踊り　君とともに　恋を歌う春／されど恋　そはしぼむ花／春とともに逝く

それにしても、明治維新後のかなり早い時期から、東京音楽学校のエリートを中心に受容と研究の進んだクラシック音楽に比べて、サブカルチャーである「シャンソン・フランセーズ」の輸入と紹介は遅れました。一九二七年に岸田辰彌《たつや》氏のレヴュ『モン・パリ』（*Mon Paris*）が、――フランス語風に発音するなら「ルヴュ」（Revue）ですが、――洋行以前の白井の見事な演出で成功を収めたのが最初です。ついで一九三〇年には二年間のパリ遊学を終えた白井の渾身《こんしん》のレヴュ『パリゼット（パリ娘／パリ小町）』（*Parisette*）が、パリのレヴュを見聞し熟知した白井自身の脚本演出で、当時の「宝塚少女歌劇団」、――一九四〇年に、宝塚歌劇団と改称、――の舞台にかけられました。

すみれの花

ちなみに、この『パリゼット』というタイトルは、ミスタンゲットがレヴュ『パリは回る』（*Paris qui tourne*）で歌うシャンソンのタイトル『パリゼット（*Parisette*）』、――創唱は一九二八年九月二日、ムーラン・ルージュ（*Moulin Rouge*）、――から採ったもので、白井のレヴュでも、有名な歌『すみれの花咲く頃』ほかと並んで、このシャンソンも、かなり自由な意訳ですが、日本語で歌われています。三十二段の大階段を設《しつら》え、豪華な羽根飾りを用い、本場仕込みのダンスをたっぷり披露した演出は、当時の観客を驚かせたそうです。そして、このことが、日本に「シャンソン」を広めるきっかけともなりました。もちろん〈訳詞〉を通してですが、フランス語など国民に縁遠い時代であってみれば、当然のことでしょう。この功績は極めて大きいといわざるを得ません。

ですが、同時に大きな副作用もでました。「ラ・シャンソン・フランセーズ」（la Chanson Française）が、カタカナで表象される「シャンソン」に化けてしまったことです。いや、いまに至るまで化けつづけているといっていいでしょう。もちろん、先駆者白井鐵造氏の意思ではありません。いつの時代にも、紹介・普及に〈日本語訳〉は必要ですし、それが親切というものです。ですから、〈訳詞〉の歌唱も、大いに認めましょう。

とはいえ、それは、フランス語の「シャンソン・フランセーズ」をそれなりに理解し、フランス語でも歌えることを前提にしての話です。大学で、市民講座で、多くのひとびとがフランス語を履修し、巷にも様々なフランス文化が氾濫する二十一世紀の今日、フランス語の原詩と、音声も内容も距離のある〈訳詞〉でしか歌えなくて、「これは、フランスのシャンソンです」は、ないでしょう。

たとえば、フランス大使館後援の「浜松シャンソンコンクール」は、《二〇一六年現在、日本に八つある》〈日仏シャンソン協会日本支局長、加藤修滋氏談〉という、どのシャンソンコンクールにも先駆けて、出場者が競演する持ち歌二曲のうち、必ず一曲はフランス語原詩での歌唱を義務づけています。それが、「歌い手」が異国の文化、――いまの場合、フランス文化、――に向き合う際に、譲ることのできない誠実さの証《あかし》にほかならないということを、主催者がよく認識しているからでしょう、多分。そして、これこそが真の異文化理解なのです。このことは、ご当地出身の白井鐵造氏が、二十一世紀のいまの時点でご存命なら、もっとも望まれたことだろうと思います。クラシックの声楽に、ずいぶん遅れて、やっとここまで来たね、と微笑《ほほえ》まれながら……。そして、『……の花咲く頃』の「花」は、もうすみれでなくても、元歌のリラ（ライラック）のまま、その内実を理解してもらっていいですよ、……と。

白いリラの花咲く頃

ところで、白井鐵造作詞『すみれの花咲く頃』は、フランスの『白いリラの花咲く頃』（*Quand refleuriront les lilas blancs*）の翻案だということ、そしてその元歌がドイツ歌曲、一九二八年作の『白いフリーダーの花咲く頃』（*Wenn der weiße Flieder wieder blüht*）だというのは、シャンソン愛好者なら、周知の事実です。

このドイツ語「フリーダー」〈Flieder〉ですが、『独和辞典』には、たいてい「ニワトコ」と「ライラック」のふたつの意味が記載されています。だからでしょう、――この二花、前者はレンプクソウ科ニワトコ属で、後者はモクセイ科ハシドイ属と、まったく別種の植物ですのに、――従来レコード付属の解説・シャンソン紹介書等では、なぜかこれまで、大抵が『白いニワトコの花咲く頃』の訳で紹介されてきました。たとえば、永田文夫著『世界の名曲とレコード　シャンソン』〔誠文堂新光社、一九八四年〕における氏の解説、――《ドイツ語の原題は「白いニワトコの花が再び咲く時」と言う》、――のように。もちろん、例外もありますが……。

それにしても、ニワトコなのか、ライラックなのか？……、悩ましいところです。単に花の名前、どちらでもいい、というわけにはいきません。作詞されて、ほぼ九十年が経過、……「ニワトコ」か「ライラック」か、……そろそろ決着をつけるべきときでしょう。

そこで、神戸大学で同僚だった、ウィーン大学出身の優秀な音楽学者兼作曲家シュテファン・トゥルンマー（Stefan Trummer）氏に尋ねてみました。氏は、日をおいて、ドイツ語原文をよく検討されたうえで、《この場合の「フリーダー」は、「ライラック」の花で間違いありません、通常、「ライラックの花がまた咲いたら」は、「また春になったら」を意味します≫、との明快な答えを文書で返してこられました、――日本人ピアニストでもあるトゥルンマー夫人の全訳つきで。歌詞は、三番まであります。それをご紹介しておきましょう。歌中の「フリーダー」は、夫人によって、明確に「ライラック」と訳されていましたが、ここでは、ドイツ語に敬意を払い、「フリーダー」と書き直しておきましょう。なお、作詞はフリッツ・ロッター（Fritz Rotter）、作曲はフランツ・デーレ（Franz Doelle）です。

㈠白いフリーダーがまた咲いたら／私はあなたのために私の一番美しい愛の歌を歌おう／ずっと、ずっとあなたの前にひざまずき／あなたと一緒に白いフリーダーの香りを飲み込もう／白いフリーダーがまた咲いたら／あなたの赤い唇が疲れるまでキスしよう／私たちはおとぎ話の国の恋人同士になろう／白いフリーダーがまた咲いたら。

㈡春、春、春よ、／皆が私のようにあなたを愛するだろう／春、春、春よ、／幸せに満ちて、あなたを待っている／おお、あなたの光で私の小さな部屋を照らしてください／わたしの恋人はあなたを心から待っているよ／彼女はいう、「幸せになるために私は太陽の光が必要」と／そしてそのときがきたら、「あなたの望みをすべてかなえてあげる」

㈢　恋人、恋人、恋人よ、／春になったら／恋人、恋人、恋人よ、／そのとき私たちは身内になる／春は私たちを結婚させる神父だ／太陽は私たちの祭壇だ／太陽が私たちを黄金の光で照らしてくれたら／私たちはもっとも幸せなふたりになるだろう。

すぐにもフランスに伝わったこの曲に、早速、レオ・ルリエーヴル（Léo Lelièvre）、アンリ・ヴァルナ（Henri Varna）、フェルナン・ルーヴレイ（Fernand Rouvray）の三人が共作で、フランス語で作詞します。一九二九年のこと。それが、シャンソン『白いリラの花咲く頃』（*Quand refleuriront les lilas blancs*）です。創唱は、同年五月、エメ・シモン＝ジラール（Aimé Simon-Girard）が、「コンセール・マイヨル」（Concert Mayol）で。ついで、六月には、ピエール・メイエ（Pierre Meyer）が、「テアートル・クラリッジ」（Théâtre Claridge）で。当時の録音でいまに残るのは、一九二九年収録のアンリ・ジェスキ（Henri Gesky）ぐらいでしょうか。

なお、改めていうまでもなく、フランス語のリラは、英語のライラック、ドイツ語のフリーダーですから、シャンソンのタイトルはドイツ語元歌タイトルと、まったく同じだということが分かります。そのフランス語版のシャンソン『白いリラの花咲く頃』を、わたしの対訳でご紹介しておきましょう。

(一)
春よ、春！　おまえなんだよ
森のなかで皆が待ちわびているのは、
幸せな恋人たちはその森に
ふたりして向かうだろう。
おまえなんだよ、うっとりと優しい気持ちにさせるのは
ぼくが狂おしいまでも愛してる女性をね。
春よ、ぼくは待っているんだ、腕にそのひとを抱けるよう、
リラの花が黙ってぼくに手を貸してくれるのを！

Printemps printemps c'est toi
Qu'on guette dans les bois;
Où les amants heureux
Vont s'en aller par deux.
C'est toi qui feras se pâmer tendrement
Celle que j'aime éperdument.
Printemps, j'attends, pour la tenir dans mes bras,
La complicité des lilas!

白いリラの花

白いリラの花咲く頃になると
恋心をかきたてる言葉がかわされるだろう
誘惑に負けた女たちは
ついしてしまうんだ、影響されて、
心をとろけさせる春にね、
軽はずみなことを！
白いリラの花咲く頃になると
ありとあらゆる誓いの言葉が聞こえてくるだろう
なぜって、恋に浮かれて
頭がぽぉ～となるからだよ
白いリラの花咲く頃になると！　（ルフラン）
Quand refleuriront les lilas blancs
On se redira des mots troublants
Les femmes conquises
Feront, sous l'emprise,

Du printemps qui grise,
Des bêtises!
Quand refleuriront les lilas blancs
On écoutera tous les serments
Car l'amour en fête
Tournera les têtes
Quand refleuriront les lilas blancs!　(Refrain)

(二) 花々の甘い香りが
ぼくたちの心を芳しく満たし
そしてぼくたちの心は奪われるだろう
愛の巣の歌によって。
おまえの青春はぼくのもの、ぼくは有頂天になってキスを求め
おまえの口に唇を合わせにいくだろう。
ひと茎のリラが、この素敵な日を思い出させ
ぼくたちの愛の証になってくれるだろう！

Le doux parfum des fleurs
Embaumera nos cœurs
Et nous serons ravis
par la chanson des nids.
J'aurai sa jeunesse et mes plus fous baisers
Sur sa bouche iront se poser.
Un brin de lilas rappelant ce beau jour
Sera notre gage d'amour!

㈢もはやその季節は過ぎた
長く甘い戦慄の
なんと多くの失われたキス
もう二度と戻ってはこない。
愛、それはこの世にあっては色あせる花
リラの花々のように萎《しお》れゆくもの
結局のところどうだっていい、心が二十歳の青春ならばほかのいくつもの春に、希望を託すのだ！

Ce n'est plus la saison
Des longs et doux frisson
Que de baisers perdus
Et plus jamais rendus.
L'amour, c'est la fleur qui se fane ici-bas
Et passe comme les lilas
Qu'importe après tout quand le cœur a vingt ans
Il espère en d'autres printemps!

これは、「リラ」＝「フリーダー」＝「ライラック」が、「春」を象徴する花の定番、ということを示しています。だから、春に咲く花だったらなんでもいい、というものではありません。そう簡単に、「ニワトコ」と勘違いしたり、「すみれ」に変えて歌ってもいい、というわけではないということです。

すみれの謎

実際、白井鐵造作詞『すみれの花咲く頃』では、日本人が「すみれ」に対して自然に抱く勝手なイメージ、――可愛さ、清らかさ、――を意識してか、歌全体がプラトニック風純情可憐《かれん》な《春の夢甘き恋……》に変容してしまっています。「宝塚少女歌劇団」向きに意図したということなら、分からなくもありませんが、フランス語の「リラ」や、ドイツ語の「フリーダー」では、――《春よ、ぼくは待ってるんだ、腕にそのひとを抱けるよう、リラの花が黙ってぼくに手を貸してくれるのを》（フランス語版）とか、《白いフリーダーがまた咲いたら、あなたの赤い唇が疲れるまでキスしよう》（ドイツ語版）のように、――もっと大人っぽい、官能的な愛の表現を導きだしています。

とまれ、白井鐵造が、「リラ」を「すみれ」に置き換えたのは、ほんとうに単に演じるのが少女だから、というだけの理由だったのでしょうか？……、いささか疑問がのこります。その疑問を解消するためには、白井自身の証言を探すことから始めねばならないでしょう。

帰国直後に発表した「パラスとコンセルマイヨルの夜」〔宝塚の月刊誌『歌劇』第一二六号、一九三〇年九月発行〕という記事のなかから、二ヵ所引用してみましょう。いずれも、ミュージックホール「パラス」でのラケル・メレ（Raquel Meller, 1888-1962）、――、白井の表記ではラッケル・メレエ、――の印象を記述するくだりでのことです。このなかで、〈リラをスミレに変えた動機〉に、しっかり触れています。

㈠（……）ラッ《ママ》ケル・メレエと云ふと必ず「菫の唄」を思ひ出すほど有名なので、その「菫の唄」を唄いながら、舞臺から客席に降り立つて菫の花束を投げ與へたのが人氣の初り《ママ》だつたのです。

〔「パラスとコンセルマイヨ《ママ》ールの夜」二一―三頁〕

これに続く少し先の方では、こう書いています。

㈡パリゼットに用いた「君の御手のみマダム」と「菫の唄」（これは「白きリラの花咲く頃」を菫に私がなほしたのです）は、メレエ（《筆者補》＝ラケル・メレ）と彼女の相手役のピッサリー氏によって唄はれたものであります。

引用㈡は、文脈・文意がじつに不明瞭です。突然、カッコ内挿入の形で登場するシャンソンのタイトル「白きリラの花咲く頃」が、その原因です。まるで白井が『白いリラの花咲く頃』を聴いたのはこの「パラス」で、ラケル・メレの歌声だったと、読者に誤解させかねません。

事実、誤解された方がいます。宝塚研究家の田畑きよ子氏もそのおひとりで、この『菫の唄』を白井鐵造作詞『すみれの花咲く頃』のことだと勘違いし、なら、カッコ内の「白きリラの花咲く頃」はその元歌だと、連想してしまったのでしょう。田畑氏は、氏の論考「タカラヅカと巴里」のなかで、白井の記述㈠㈡を、事実誤認のまま、以下のように要約しておられます。

仏題《白きリラの花咲く頃》は、パラスの人気歌手ラッケル・メレエが歌った歌である。甘く、柔らかく、透き通った声で歌いながら、舞台から客席に降りてすみれの花束を投げ与えたのが始まりであった。〔津金澤・近藤共編著『近代日本の音楽文化とタカラヅカ』世界思想社、八九—九〇頁、二〇〇六年〕

「白きリラの花咲く頃」を歌いながら、「すみれ」の花束を投げ与えた、という田畑氏の文脈には、だれしも、一読して不自然と感じることでしょう。「リラ」の花を投げ与えたというなら、ともかくも、です。このことについては、かつて、田畑きよ子氏にメールで簡単にお伝えしたことがあるのですが、はたしてご納得いただけたのでしょうか、どうでしょうか？……

　それにしても、田畑氏は、ご自分の文章の不合理に、どうして気づかれなかったのでしょう？……　それは、引用㈡に、なぜカッコ内の文章が挿入されたか、――つまり、なぜカッコつきで、補足説明をせねばならなかったか、――ということを、見落とされたことにつきるでしょう。

　カッコは、いつだって補足説明です。ちなみに、カッコを取り除いた文章、つまり《パリゼットに用いた「君の御手のみマダム」と「菫の唄」は、メレエ（＝《筆者補》ラケル・メレ）と彼女の相手役のピッサリー氏によって唄はれたものであります》は、じつに文意明快です。

　まず、『君の御手のみマダム（あなたの手だけですよ、奥様）』（*Ce n'est que votre main, Madame*）ですが、作詞がフリッツ・ロッター（Fritz Rotter）、作曲がラルフ・アーウィン（Ralph Erwin）。元歌はドイツ語による『ぼくはあなたの手にキスをします、奥様』（*Ich Küsse ihre Hand, Madame*）で、一九二九年の作品。最初のフランス語翻訳は、アンドレ・モープレイ（André Mauprey）。第二版フランス語歌詞が、レオ・ルリエーヴル（Léo Lelièvre）、アンリ・ヴァルナ（Henri Varna）、フェルナン・ルーヴレイ（Fernand Rouvray）の三人といえば、これは、作曲者を除き、『白いリラの花咲く頃』と全く同じメンバーです！　創唱したのはステファーヌ・ピゼラ（Stéphane Pizella）で、一九二九年三月、「パラス」で。録音も同年同月。〔Martin Pénet : *Mémoire de la Chanson 1200 chansons de 1920 à 1945*, Omnibus, Paris.〕。

　このピゼラ（Pizella）が、白井氏のカタカナ人物名表記ピッサリーかどうかは、不明。しかし、その可能性は大いにあるでしょう、――読み違いか、聞き違いか、記憶違いか……。よしんば、同一人物でなくても、ちっともかまいません。白井が、「パラス」で、『あなたの手だけですよ、奥様』を聴いたのは確かですから。これが大事なのです。

　次に、問題の『菫の唄』ですが、この歌については、もう少し後の方で詳しく触れることになりますが、ラケル・メレの十八番《おはこ》『スミレの花売り娘（ラ・ヴィオレッテラ）』（*La Violetera*）のことです。〔補遺〕ラケル・メレは、スペイン語で歌いました。そして、この時期、主に活躍していた舞台がパラス劇場で、引用㈠に見られるような観客サーヴィスをしたことが知られていますので、間違いありません。

　引用㈡の文章が誤読を引き起こす原因は、もうひとつあります。カッコ内の説明と、カッコ外の地の文章との時差です。地の文が、一九二九年現在の「パラス」での報告なのにひきかえ、カッコ内は、帰国後、一九三〇年九月の補足説明です。帰国後の日本での事情は、――それを考えることは、重要ですが、――いまは、脇に置いて、結果として、本来「リラ」であるべき花を「すみれ」に変えた所以《ゆえん》を、――悪くいえば、言い訳を、――思わずカッコ内に認《したた》めてしまったことにあります。

白井氏は、多分、こう補足したかったのでしょう、――ラケル・メレの『菫の唄』＝『スミレの花売り娘』の実演に接し、感動したので、《これで（＝これによって）「白きリラの花咲く頃」を菫に私がなほしたのです》というふうに。《これは》ではなく、《これで》。

このように白井は、〈リラをすみれに変えた動機〉を、ラケル・メレに求めたのです。そうはっきり認めたのです。帰国直後、レヴュ『パリゼット』台本を仕上げてすぐのころの証言だけに、疑いようもありません。その後、戦後に至るまで、沈黙を守りつづけたことについては、別途、考察せねばなりません。

蛇足ですが、白井が『白いリラの花咲く頃』を聴いたのは、「パラス」におけるラケル・メレでは決してありません。ひょっとして、「コンセール・マイヨル」でしょうか？……ここなら、いつだって、エメ・シモン＝ジラールが歌っていたでしょうから。もっとも白井は、ここは、エロティックで、グロテスクで、ときにマゾヒスムを持ち込んでいるとして忌避し、二回しか行かなかったそうです〔既出「パラスとコンセルマイヨルの夜」〕。まあ、流行歌ですから、いずれにせよ、どこかで、耳にする機会はあったでしょう。場所は、問題ではありません。

白井が〈リラをすみれに変えた動機〉は、もうはっきりしましたので、これ以上の追跡は不要ですが、この動機を、その後、長い間、なぜか黙りつづけ、戦後になって初めてボソボソ開陳しはじめています。その黙りつづけた〈理由〉を推理することの方が、ひょっとすると、もっと大事なことなのかもしれません。ですので、いまは先を急がず、白井のボソボソに、少しお付き合いをしてみましょう。

『パリゼット』初演から三十七年後の一九六七年五月十日、白井は、自伝『宝塚と私』〔中林出版〕を出版しました。白井六十七歳のときです。

まず、見つかったのは、《リラの花をすみれの花に書変え《ママ》た》〔八九頁〕という、じつにそっけない記述です。動機も理由も添えられてはいません。

それ以外で目を引く記述は、阪急の清荒神《きよしこうじん》駅近くの山の上に借家していた新婚の白井夫妻のもとに、《友だちが白いフリージャーの花束を持ってきてくれて、その花の甘い匂いが当分の間、新居の小さな部屋中いっぱいになっていた。このフリージャ《ママ》の花の想い出が、後年「すみれの花咲く頃」の歌詞になっている》〔五六頁〕という回顧談です。フリージャーも春に咲く花には違いありませんが、『すみれの花咲く頃』の歌詞の由来が、新婚のころのフリージャーの甘い匂いとは、いかにもとってつけた説明で、三十七年後のわざとらしい記憶の再構成といわれても仕方がないでしょう。若き日の遊学先パリでの「リラの花」との出会い、――つまり、パリのどこかで、多分、「コンセール・マイヨル」のエメ・シモン＝ジラールの歌声で聴いたであろう原曲シャンソン『白いリラの花咲く頃』と、パリの街角の花屋で見かけたであろう実物のリラの花、――への言及が、一切ないのはどうしてでしょう。リラの花ぬきで、フリージャーを介し、すみれの花にとんでいるのですから。それは不自然だと思います。ですので、白井がここで書いている、フリージャーとすみれの連関は真実味に欠ける、――聞き置くに留める、――ということにいたしましょう。

　ところで、二〇一六年二月に、田畑きよ子氏が『白井鐵造と宝塚歌劇――「レビューの王様」の人と作品』〔青弓社〕を上梓されました。表紙に、《「すみれの花咲く頃」の誕生秘話が明らかに！》と印刷されていますので、びっくりして紐解《ひもと》いてみました。その「はじめに」の章に、新発見資料として、「宝塚グラフ」一九七三年一月号〔宝塚歌劇団出版部、三〇頁〕、及び「銀座百店」一九七八年十月号〔銀座百店会、七二頁〕に掲載されたという白井の記事が引用されています。

『すみれの花咲く頃』が作詞された、一九三〇年ごろの資料・証言が発見されたのかと、一瞬期待しましたが、そうではないようです。少し長くなりますが、それぞれその箇所を、孫引きさせていただきましょう。

> 宝塚を「星菫趣味」という意味から菫にしたものではない。パリ人はリラの花と同じように非常にすみれの花を愛している。どこの花屋の店にも、街頭の花売りの所にも、冬でもすみれの小さなブーケを売っている。／甘い香りのうす紫の小さなすみれの花のブーケは「パリの花」で、どんな豪華な立派な花束より私は可愛く優しいすみれの花束にパリを感じ、私のパリへの憧れ、思慕が私に帰朝土産の作品にすみれの舞台を作らせ、リラの花をすみれにさしたのである。／それが今「すみれの花咲く頃」は「宝塚の歌」になって、この歌によって宝塚は「すみれ」になった。いつまでも、今も歌われる歌であることは本当に嬉しく、名誉にも思うことである。又そういう欲心もなく発表したものが、こんなにも愛され、宝塚を象徴する歌になったことは、反対にもっと大きな嬉しさであるとも思う。
>
> （一九七三年、白井七十二歳）

フランス人は、あのすみれの小さいブーケが好きなんです。花屋でも売ってるし、女学生もつけてるし、場末のバーにランデブーにいくときもパリ娘はみんなつけていく。冬にもあるし、いい匂いだし、安くて庶民的な花で、非常にフランス的な感じで、僕のパリへのノスタルジアの気持ちがあって「すみれ」にしたんです。

（一九七八年、白井七十八歳）

繰り返しますが、この記事は一九七三年一月号と一九七八年十月号のもので、先に引いた自伝『宝塚と私』〈中林出版〉の発行年一九六七年五月十日より、さらに六年後、十一年後の白井の発言です。つまり、『パリゼット』初演の四十三年後、及び四十八年後の証言ということになります。遅きに失します。それまで、おそらく何度も、〈リラをすみれに置き換えた動機〉を尋ねられていたはずです。こんな陳腐なありふれた動機だったら、四十年以上も、秘して語らないでいる理由など、まったくなかったでしょうに。こうなると、世間の熱い期待に応えるために仕方なく用意した解答、後付けの動機としか思えません。いや、そういう疑念が湧いて、払拭できないといったほうが穏やかでしょうか。この時点では、とっくに、「宝塚」と「すみれ」の関係は、しっかり定着してしまっていましたから。「リラ」でありようがなくなってしまっていましたから。白井の証言には、まるで遡及法の施行を見るような感じがします。

白井を高く評価するわたしには、納得がいきません。〈動機〉はすでに、明らかにしました。『すみれの花売り娘』を歌うラケル・メレから受けた鮮烈な印象です。

とすると、残りは、長く、その動機を黙したままでとおした〈理由〉です。それは、大きな問題です。そして、それを解くカギは、どこにあるのでしょうか?……　白井の語っていないところにこそ、その真実を探し求める必要があるでしょう。

スミレの花売り娘

ここで、先ほどの引用㈠に戻りましょう。白井がここにいう『菫の唄』は、ラケル・メレ(Raquel Meller, 1888-1962)、——スペイン語で発音すれば、ラケル・メジェール、——が十八番《おはこ》にしていた『スミレの花売り娘』(*La Violetera*)だということも、すでに申しました。「スミレ」はスペイン語で「ラ・ヴィオレッタ」(la violeta)。綴りが似ているので、白井は、ほんとうにタイトルが「スミレ」だと思ったのかも分かりません。

原曲はスペイン語で、ハバネラ風のリズム。作詞エドゥアルド・モンテシィーノス(Eduardo Montesinos)、作曲ホセ・パディージャ（José Padilla）。いまでは、インターネットで、ラケル・メレ本人の歌声を聴くこともできますが、——録音が古く、音声が不鮮明ですが、——CDで入手しやすいのはナナ・ムスクリでしょう。フランス語の訳詞もあるそうですが、ラケル・メレもナナ・ムスクリもサラ・モンティエルも、古いLP録音のグロリア・ラッソも、スペイン語で歌っています。当時、ラケル・メレは、フランス語でタイトルもいわず、スペイン語で歌いつづけて、スペイン語の分からないフランス人聴衆を魅了した、といわれています。そして、チャップリンの『街の灯』（*City Lights*）の主題歌に使用されていることは、結構、知られています。

カルメン役のラケル・メレ
映画『カルメン』
（ジャック・フェデル監督・脚本）

白井は、パラス劇場で、『スミレの花売り娘』を歌いながら舞台に降り立ち、「スミレの花束」を観客に投げ与えるラケル・メレの姿を目《ま》の当《あ》たりにしました。その瞬間、ラケル・メレの類稀《たぐいまれ》な美貌と「スミレ」の花の万国共通の可憐さが、相乗効果を及ぼし、網膜に焼き付き、日常性を離れたところで、残像として残りつづけただろうことは、想像に難くありません。
そして、このラケル・メレ体験以来、白井にとって、「スミレ」＝「すみれ」は「特別な花」になった……、といっていいでしょう。だからこそ、《これは（これで）「白きリラの花咲く頃」を菫に私がなほしたのです》に続いて行くのです。

田畑きよ子氏も、「タカラヅカと巴里」と題する論考〔前掲書所収〕で書いておられたではありませんか、――《宝塚では、劇中天津乙女が「春、すみれ咲き……」と歌いつつ、客席にすみれの花を投げかけた》、――と。ラケル・メレの観客へのサーヴィスと全く同じことを、宝塚の舞台で天津乙女がした！……

さて、天津乙女《あまつおとめ》のサーヴィス精神だけではありません、『パリゼット』の脚本でいえば、第九場「すみれの花咲くころの唄」を読んでみましょう。そのト書きによれば、こうです。

……場面は《シャンゼリゼー通り、下手に花売小屋、シルクハットの五人の小さな紳士のダンス。花売り婆、すみれの花籠を持って来てすみれの花束を作り乍ら歌う》とあります。その歌が、白井鐵造作詞の『すみれの花咲く頃』、――《春すみれ咲き　春を告げる／

春何ゆえ人は　汝を待つ……》、――です。「花売り娘」ならぬ、「花売り婆」が歌うとは、この場面、いささか艶消しですが、そこに、男女ふたりが登場するので、引き立て役としては適っているのかもしれません。「すみれ」の花をねだる女に、男は一束買ってやり、やがて、ふたりでこの歌『すみれの花咲く頃』をデュエットしながら、退場します。

そこへ登場したのが、主人公の一人、山中。花売り婆は、若かったころ、「パリ小町（パリ娘）」、――まさに「パリゼット」、――と呼ばれていたと回顧し、山中に言葉巧みに「すみれの花」一束を買わせ、そしてこういいます、――《ね、好い香いでしょう。それが初恋の香りです。恋人を喜ばすにはすみれの花に限ります。そして先刻のすみれの花を歌うのです》、――と。

ここでも、白井の意図は明らかです。ラケル・メレの『スミレの花売り娘』を「花売り婆」に置き換え、ラケル・メレが観客に「すみれの花束」を投げ与えていた光景を、――天津乙女のサーヴィス精神とはまた別に、――舞台上で、男が女に「すみれの花」一束を贈るシーンに振り替えたのです、――《恋人を喜ばすにはすみれの花に限ります》の台詞が、決め手です。あまりに忘れがたかったパラス劇場の一夜を、帰国後、初の自作レヴュのなかに、永久に留めるための工夫を凝らしたのでしょう。

しかも、「ムーラン・ルージュ」で聴いたであろう、ミスタンゲットのシャンソン『パリゼット』まで、花売り婆の昔語り・自慢話のなかに織り込んでいます。白井の芸の細かさです。いや、白井が、一九二〇年代後半のパリ文化の爛熟に、いかに耽溺《たんでき》し体現するまでになっていたか、ということです。もちろん、言わずもがなですが、ここに引用した花売り婆が口にした《すみれの花を歌うのです》の歌は、白井鐵造作詞の『すみれの花咲く頃』のことで、ラケル・メレの『スミレの花売り娘』ではありません。

白井はこうして、一九二九年パリ滞在当時流行《はや》っていた『白いリラの花咲く頃』と、「パラス」で聴いたラケル・メレの『スミレの花売り娘』を交錯させ、前者の旋律に、後者の歌世界を、——「スミレの花売り」と「スミレ」を、——乗せて楽しみ、自作『すみれの花咲く頃』を生みだしたのです。繰り返しますが、〈動機〉はここにあります。

しかし、なぜ白井はこの動機をその後黙りつづけたのでしょうか?……　それには、この傑作が生まれるには、白井が帰国した直後の日本の時代状況が後押ししたことも、忘れてはならないでしょう。

一九三〇年当時、フランス語を学んでいるといえば、旧制高校に代表される少数エリートのみ、そのエリートたちにしてすらが、フランスは途方もなく遠い国、――《ふらんすへ行きたしと思へども／ふらんすはあまりに遠し》〔萩原朔太郎「旅上」『純情小曲集』所収〕、――でした。ましてや一般国民には、外国産・フランス名「リラ」は、なじみの薄い花だったでしょう。先にあげました音楽学者のトゥルンマー氏は、もっぱらこの意見です。加えていえ

バルセロナの
ラケル・メレの噴水にある
「スミレの花売り娘」の彫像
（1966 年）

作曲者ホセ・パディージャを
記念してマドリードに建てら
れた「スミレの花売り娘」の
彫像（1991 年）

ば、翌一九三一年には満州事変が起きる、まさにその前夜のこと、国粋主義の高まりは膚《はだ》で感じていたでしょうから、なおさらカタカナ表記の「リラ」は避けたかったのではないでしょうか？……　そして、その延長上で、無難な「すみれ（菫）」の名は、――あの「パラス」でのラケル・メレの記憶と共振しながら、――おのずと口をついてでたのではないでしょうか？……　幸運なことに、すみれは、日本では、どこにでも見られる平凡で庶民的な親しみやすい花ですし。

いや、もっと複雑な心境も絡んでいたかもしれません。一九二〇年代のフランスの自由、――いわゆる、〈狂乱の二〇年代〉、――を謳歌《おうか》した白井が、帰国するや、戦争前夜の緊張感のなかで、各種、言葉の予防線を張らざるを得なかったであろう、その落差からくる屈辱があったからこそ、再度、〈リラをすみれに変えた動機〉を打ち明けることなく、永久に封印してしまった、――これが黙していた〈理由〉、――と、推測することはできないでしょうか？　なら、白井は、じつに巨人です。黙することに意味があり、黙していたことに深い自省を感じるからです。それが憶測といわばいえ、です。それだけに、例の一九七三年一月と一九七八年十月、――つまり、戦後二十七年、三十三年たってからの陳腐な説明は、――「宝塚」と「すみれ」の関係が定着してからの言説は、――悲しい。

もう一度まとめれば、〈リラをすみれに置き換えた動機〉は、ラケル・メレの実演を見た感動と帰国直後の時代状況との折り合いの結果だろうということです。一九三〇年に〈動機〉を説明して以来、黙しつづけた〈理由〉は、結果として、リラをすみれに変えることで、時代に屈することになってしまったからではないでしょうか。四十年以上も後の平和な時代に初めて開陳したかにみえることばは、当てになりません。聞く者の期待に応えただけのことだと思います。

青春・初恋・春

ともあれ、結果論かもしれませんが、「すみれ」は、「すみれ」でもよかったのでしょう。このエセーの冒頭に挙げたホイットマンの詩『先頃ライラックが前庭に咲いた時』で見たように、「リラ」（ライラック）は〈「青春・初恋・春」、及び「喪（＝死）」の表象〉でしたが、じつは、「スミレ」、――フランス語のヴィオレット（violette）、――もまた「リラ」と同じように、ヨーロッパでは、〈「春の再生」と「悲しみ・死」を表す〉花なのです（前掲書『イメージ・シンボル事典』）。

それどころではありません、かつて「スミレ」は、ナポレオン支持者の紋章（emblème）だったことがあります。ナポレオン・ボナパルトがエルバ島に追放されたとき、――一八一四年四月のことですが、――《春にスミレの花が咲くと戻ってくる》といったとかいう伝承に由来しているそうです（前掲書）。ナポレオン一世が、自身の復活に、自然の再生を重ねているわけですね。

表象としての「リラ」と「スミレ」のこの驚くべき一致に、――この符合に、――果たして白井が気づいていたかどうかは、知る由もありません。が、それは、もうどうでもいいことです。詩は、象徴性なくしては、深まりません。しかして、その象徴性とは、詩人の意図しなかったところに、詩人の隠された意図を、読者自身が読み取ることにほかならないわけですから。

ドイツ語版もフランス語版も、「春」を「ぼくの恋人」にたとえています。〈自然と青春〉の、——濃淡こそあれ、——艶っぽい交感に、その甘酸っぱい照応に、心が浮き立ちます。ドイツからフランスへと国境を越えても同じ花（「フリーダー」＝「リラ」＝「ライラック」）なのに、フランスから地球の裏側の日本へと、長い旅をしている間に、「リラ」は「すみれ」に変容しました。その過程で、花の色が、〈白〉から〈紫〉に変色した時点で、——もっとも、白い「すみれ」もあるでしょうけど、——白井のなかに、いったい、なにが起こり、なにが起こらなかったのか?……… どんな時代精神を反映し、いかなる文化的差異の網の目を潜りぬけたがゆえに、「リラ」は「すみれ」になったのか?………、すでに考察し、推論した以上のことを示す資料は、いまだ持ち合わせていません。白井が、いま生き返れば、もう、「すみれ」でも、原曲の「リラ」でも、どちらでもいいですよ、というかもしれません。「すみれ」より、いっそう豪華な春の表象ですから。でも、時代を遡行《そこう》させることはできません。

おわりに

ホイットマンの詩篇で開いたこのお話を、ホイットマンの詩篇所縁《ゆかり》のエピソードで閉じることにしましょう。

いま手元に、一枚の輸入盤ＣＤ〔ORFEO-C112851A〕があります。パウル・ヒンデミット（Paul Hindemith,1895-1963）作曲の『先頃ライラックが前庭に咲いた時』（*When Lilacs Last in the Dooryard Bloom'd*）という作品で、副題として『レクイエム（死者のためのミサ）：私たちが愛するものたちのために』（A Requiem "For those we love"）と付されています。ウォルト・ホイットマンの詩篇『先頃ライラックが前庭に咲いた時』（*When Lilacs Last in the Dooryard Bloom'd*）に、ヒンデミットが作曲したものです。

演奏は、輸入盤ＣＤの表記に従えば、ソプラノのブリギッテ・ファスベンダー（Brigitte Fassbaender）、バリトンのディートリヒ・フィッシャー＝ディスカウ（Dietrich Fischer-Dieskau）、ウィーン国立歌劇場合唱団、ウィーン交響楽団、指揮ヴォルフガング・サヴァリッシュ（Wolfgang Sawallisch）、一九八三年、ウィーンのムズィークフェラインザールで、録音されたものです。

ヒンデミットは、ナチス政権下にあって、ユダヤ人音楽家とレコーディングしたり、新古典主義を標榜《ひょうぼう》し、ナチスの意向に沿う音楽は作曲しなかったりで、ナチスに目をつけられていました。初演で成功を博した『画家マチス』（一九三四年作）でさえ、上演を禁止されるに至りました（ヒンデミット事件）。そこで、一九三七年にスイスに居を移し、ついで一九四〇年にはアメリカに渡り、のちに市民権を得ることになります。さらに、一九五三年には再びスイスに戻り、一九六三年ドイツのフランクフルトで亡くなりました。その移住地アメリカで活動していた一九四五年四月十二日に、第三十二代フランクリン・ルーズヴェルト大統領（Franklin Roosevelt）の死に遭遇し、第二次世界大戦の終結をも経験しました。

そこでヒンデミットは、ルーズヴェルトの死から数えて、ちょうど八十年前のアメリカの歴史的事件、南北戦争後に暗殺された大統領リンカーンにルーズヴェルト大統領の死を重ね、リンカーンをルーズヴェルトに読みかえることで、ホイットマンの詩篇『先頃ライラックが前庭に咲いた時』の作曲に着手しました。結果的には、第二の祖国ともなったアメリカへの讃歌・頌歌ですが、CD附属のフランス語解説によれば、《この讃歌のために、フーガ形式（la forme de fugue）を選択することで、伝統を創造し、そして破壊した故国（ドイツ）

の加護も祈っている》そうです。《la fugue》（遁走曲《とんそう》）に、自らのドイツからの辛い《遁走・出奔》の意味を担わせたのでしょう。アメリカへのお追従《ついしょう》との批判もありますが、ナチスによる試練を経たヒンデミットであれば、聴き手も、額面通りに率直に受けとめたほうがいいと思います。それが、この一枚のＣＤに込められた、真の意味でしょうから。

ただこのＣＤ盤、ドイツ・オーストリア系の演奏には珍しくないことですが、――フィッシャー＝ディスカウの英語が聴ける興味は別にして、――あまりにも重く、あまりにも几帳面で、息苦しい。聴き返すたびごとに、心が洗われるような、あのガブリエル・フォレ（Gabriel Fauré, 1845-1924）の『レクイエム』のような〈透明感〉がありません。そう、天上の響きが感じられない……、と書いて、いま、気がつきました。ヒンデミットは、『レクイエム』と銘うってはいますが、依拠した歌詞は、ホイットマンの『先頃ライラックが前庭に咲いた時』、――つまり、アメリカ人のアメリカ人によるアメリカ人のための、――付加すれば、アメリカ語の、――詩篇ですから、――つまり、《死者のためのミサ典礼書》に基づいたものではないので、――当然のことでしょう。ヒンデミットは、あくまで地上に留まり、現世の苦悶・苦渋からの解放をこそ、問題としたかったのだと思います。勝手な解釈ですけど……。

この作品は、アメリカの合唱指揮者ロバート・ショウ（Robert Shaw）自身の指揮、ロバート・ショウ合唱団によって、一九四六年四月二十日に、ニューヨークで初演されました。そのロバート・ショウ指揮、アトランタ交響楽団・合唱団の演奏で、レコードも出ていたようですが、残念ながら廃盤です。しかし、この度、ある機会に、その演奏を全曲とおして聴くことができました。アメリカという国への先入見が働いているかもしれませんが、ロバート・ショウ指揮のアメリカ人ばかりの演奏は、サヴァリッシュ指揮のドイツ＝オーストリア系の演奏に比べ、ほんの少し軽やかに聞こえ、ほんの少し心地よく感じました。ポピュリズムの、いささか能天気なアメリカ人気質ゆえ、とはいいますまい。自国が戦場になったわけじゃないから、相対的に痛みが少ない、ともいいますまい。なぜなら、その演奏のほんの少しの軽やかさが、聴き手の堅苦しさを解き放ち、素直に耳従うよう、誘ってくれたからです。

〔補遺〕

『スミレの花売り娘』の正確な原詩ですが、いま現在、文献資料としては入手できていません。そこで、つぎに紹介する対訳は、便宜上、インターネット上の公認歌詞（Paroles officielles）に、録音として残されているラケル・メレの歌声の聞き取りをし、修正を加えたものです。この作業、及び日本語訳は、スペイン語がご専門の寺本あけみ氏に、全面的にお世話になりました。

La violetera（スミレの花売り娘）

作詞：Eduardo Montesinos（エドゥアルド・モンテシィーノス）
作曲：José Padilla（ホセ・パディージャ）
歌手：Raquel Meller（ラケル・メジェール／ラケル・メレ）

Como aves precursoras de primavera
En Madrid aparecen las violeteras
Que pregonando parecen golondrinas
Que van piando, que van piando.

春を告げる鳥のように
マドリードの町に現れるスミレの花売り娘たち
呼び売りする姿は、つばめのよう
ピイピイ囀《さえず》るつばめのよう、囀るつばめのよう。

Llévelo usted señorito
Que no vale más que un real

身につけてください、お兄さん
一レアル以上しませんから

Llévelo usted señorito
Cómpreme usted este ramito
Pa lucirlo en el ojal.

Son sus ojos alegres, la faz risueña
Lo que se dice un tipo de madrileña
Neta y castiza, que si entorna los ojos
Te cauteriza, te cauteriza.

Llévelo usted señorito
Que no vale más que un real
Llévelo usted señorito
Cómpreme usted este ramito
Pa lucirlo en el ojal.

身につけてください、お兄さん
このスミレの花を一束、どうか買ってくださいな
背広のボタンホールに、どうか飾ってくださいな

快活そうな瞳、にこやかな明るい笑顔
ひとはいっているよ、マドリード娘の典型だって
正真正銘、生粋の、その娘《こ》がはにかんで目を伏せたら
君の心を燃やすだろう、君は魅了されるだろう。

身につけてください、お兄さん
一レアル以上しませんから
身につけてください、お兄さん
このスミレの花を一束、どうか買ってくださいな
背広のボタンホールに、どうか飾ってくださいな

（寺本あけみ訳）

第二話　ミスタンゲットのシャンソン『パリゼット』(*Parisette*)

――白井鐵造、ミスタンゲット、そしてツクバネソウ――

はじめに

一九三〇年に帰国した白井鐵造《てつぞう》が、宝塚少女歌劇団のために、初めて手掛けたレヴュが『パリゼット』です。脚本演出とも、白井鐵造。一九二八—三〇年の二年間のパリ遊学の成果、凱旋《がいせん》公演といっていいでしょう。パリで買い、持ち帰った《駝鳥の羽根や大きな羽根扇、ダイヤの首飾り、……(ピカピカと光る)金銀の布》などを舞台で使用したうえに〔白井鐵造『宝塚と私』中林出版、一九六七年、一二四頁〕、パリ仕込みのダンス、三十二段からなる大階段、整然として華麗なラインダンスと、それは当時の観客の度肝を抜いたと思います。とくに、舞台装置や衣装における《ピンクと白とブルーを基調にした》、——なんだか、三色旗(トリコロール)を彷彿させはしないでしょうか、——淡く《甘美なフランス的色彩の氾濫》は、いずれ《宝塚色彩》と呼ばれるようになりますが、白井の感覚と才能が大きく花開いた瞬間です〔同書一一四頁〕。

とはいえ、それはもう言い古された評価でしょう。初演の実録が、存在しない以上は、——そう耳にしましたが、——残された写真の数々で、想像力をふくらますほかありません。

白井鐵造のレヴュ『パリゼット』

白井鐵造脚本の『パリゼット』の筋は、他愛ないものです。パリ渡航から戻った日本人男性ふたり、神原と山中が、パリでの色恋を、自分に都合よく豪快に再現した物語です。いまの時代からみれば、経済力に恵まれた典型的お上《のぼ》りさんの自慢話、——いかにもてたか、という法螺《ほら》話、艶笑譚《えんしょうたん》、——にすぎません。時代背景は、もちろん白井自身の遊学時のパリです。脚本を読む限り、パリでのアヴァンチュールを、歌、ダンス、エスプリの利いた、あるいは皮肉な会話で、大真面目に盛り上げています。いわゆる和製「レヴュ」、——フランス語では「ルヴュ」、——です。ただ、本場の濃厚なエロティシズムは一切捨象されました。演じるのは、なんといっても昭和初期の少女たちですし、観客も、圧倒的に女性たち、あるいは家族連れですから、宜《むべ》なるかな、です。こうして、今日に至るまでの宝塚のモットー、——いわゆる「清く、正しく、美しく」の宝塚調、——は生みだされました。

『パリゼット』の成功は、白井の振付の才能を見抜き、大枚の金を出し、《外国を見て来るだけでよいよ……》とだけいって遊学させてくれた宝塚少女歌劇団創始者小林一三《いちぞう》氏

（一八七三年一月三日―一九五七年一月二十五日）への報恩はいうまでもなく、演出家としての先輩で、最初の指導者でもある岸田辰彌氏への恩返しともなりました。なぜなら、洋行帰りの岸田辰彌が脚本を書き、白井が一切の振付をして、一九二七年に舞台にかけた日本初のレヴュ『モン・パリ』（主題歌「うるわしの思い出　モン・パリ」）は、神戸港を出帆した主人公串田福太郎が、上海、セイロン島（現在はスリランカ民主社会主義共和国）のコロンボ、エジプトを経て、憧れのパリに着くまでの船中のひとたちとの旅行談、――といえば聞こえはいいのですが、実際は、艶福家気取りの福太郎の荒唐無稽な武勇伝と艶笑法螺話、――が中心でしたが、〔補注一〕――もちろん、これは岸田の一年半にわたる欧米旅行の経験を下敷きにしたものですが、――それを受けて、白井の『パリゼット』（一九三〇年）では、すでに述べましたように、主人公こそ違え、まさに到着後のパリが舞台になっているからです。結果として、岸田、白井の二作品は、あたかも前編『モン・パリ』・後編『パリゼット』のワンセットの様相を呈し、見事に連結しています。

ところで、白井のレヴュ『パリゼット』は、遊学当時、パリで流行っていた七つのシャンソン（流行歌）を主題にしたものです。順次、列挙してみましょう。括弧内が、シャンソン元歌のタイトルです。

一、「パリゼット」(*Parisette*)
二、「TAKARAZUKA」(*Constantinople*)
三、「モンパルナス」(*A Montparnasse, à Montparno*)
四、「ラモナ」(*Ramona*)
五、「すみれの花」(*Quand refleuriront les lilas blancs*)
六、「君の御手のみマダム」(*Ce n'est que votre main, Madame*)
七、「恋、あやしきは恋」(*Softly, as in a morning sunrise*)

このなかでは、シャンソン『白いリラの花咲く頃』の旋律にのせて歌う、五番目の「すみれの花」、――つまり、例の『すみれの花咲く頃』、――がもっとも有名でしょう。ですが、なぜかこのレヴュのタイトルであり、レヴュの冒頭に、途中に、最後にと、何度も歌われる、シャンソン『パリゼット』の――もちろん翻案訳詩ですが〔補注二〕、――フランス語の元歌〈*Parisette*〉について、――いや、《Parisette》というフランス語のことばの意味についてすら、詳しく紹介されたことはないように思います。

ミスタンゲット

シャンソン『パリゼット』は、レヴュ〈Paris qui tourne〉（パリは回る）のなかの歌ですが、ミスタンゲット（Mistinguett, 1873-1956）が、一九二八年九月二日に、キャバレー「ムーラン・ルージュ」（Moulin Rouge）で創唱しました。白井が聴いて感動したのも「ムーラン・ルージュ」で、ミスタンゲット自身の歌声でした。フランス発売の楽譜によれば、作詞はディディエ・ゴルデ（Didier Goldet）とミスタンゲットの共作、作曲はF・ヴォルテール（F. Wolter）、——ただし、フランス発売のCDでは、F・ヴァルテール（F. Walter）と綴られていますが、どちらが正しいのでしょうか、——創唱から一世紀を経た今日、このシャンソンは、もはや、すっかり忘れられた存在です。「パリゼット」、——パリっ娘《こ》、パリ娘、パリ小町、——という言葉と同様に……。実際、インテリの若いフランス人が、《Parisette》（パリゼット）というフランス語を、知らなかったそうです〔高岡優希氏談〕。でも白井は知っていました。この言葉が生きていたのと同時代に遊学していた

ミスタンゲット
(É. Coquart et P. Huet: *Mistinguett*〔A. Michel〕)

からです。

この曲の録音を入手することはむつかしく、どうもミスタンゲット以外は録音していないように思います。歌詞は、いまのところインターネット検索に頼るほか、すべがありません。訳は、案外むつかしく、一九二〇年代という特別な時代状況を知らなければ、なおのことでしょう。次のとおりです。拙訳も添えておきましょう。

シャンソン『パリゼット』(*Parisette*)

大通りでも、裏通りでも
微笑《ほほえ》みを浮かべ恋に燃える眼差しで

1928 年当時のムーラン・ルージュ
ミスタンゲットの名前とレヴュ『パリは回る』の看板文字が見える
(J.Pessis et J. Crépineau: *Le Moulin Rouge*〔Éd. Hermé〕)

男たちは見とれるの、溌剌《はつらつ》として魅力的なあたしが闊歩《かっぽ》するのを
だれもかれもが、あたしにお追従《ついしょう》
そしてこう叫ぶの、「やあ、ご機嫌さん《ボンジュール》！」
Sur les grands boulevards comme en faubourg
Le sourire et l'œil flambant d'amour
On me voit passer vive et charmante
Chacun me complimente
Et me crie «Ohé, bonjour!»

粋に気取って見せるには
ほんのちょっと身に着けるだけで十分
リボンの切れ端とか、幾輪かのスミレの花とかを
あたし、呼ばれてるのよ、パリ小町って
それって、あたしにとってもお似合いのことば
Pour avoir du chic et du maintien
Suffit que j' m'habille avec un rien

Un p'tit bout d' ruban, quelques violettes
On m'appelle Parisette
Et ça m' va très bien

パリ小町だもの、色っぽいわよ
あたしが微笑《ほほえ》むと、ほらご覧なさい、パリの町がぽぉ〜となるわ
パリ小町だもの、からかうような調子で
みんなの心に陽射《ひざ》しを注ぐの、冬にはね
パリ小町だもの、おバカじゃないわよ
あたしの笑窪《えくぼ》に、キスが集まって巣作り
パリ小町って、声が飛ぶの
みんなにとって、あたしは生粋のパリ娘
Parisette, j' suis coquette
Je souris, v'là Paris qui perd la tête
Parisette, l'air moqueur
J' mets, l'hiver, du soleil dans les cœurs

Parisette, j' suis pas bête
Les baisers font leur nid dans mes fossettes
Parisette, c'est un cri
Pour tout l' monde, j' suis l'article de Paris

ある日、まったく申し分ないひとりの紳士が
片メガネに革手袋のいでたちで
なんとあたしに贈り物、察しがついたわ
美しいアーミンのコートと
四十馬力の自動車よ
Un jour, un monsieur très comme il faut
Qu'avait un monocle et des gants d' peau
M'offrit quoi donc, cela se devine
Un beau manteau d'hermine
Puis une quarante chevaux

レヴュ「パリは回る」
(J.Pessis et J. Crépineau:
Le Moulin Rouge〔Éd. Hermé〕)

あたしは思った「きっと
あたしアメリカ人のように見えるに違いないわ」と
アメリカ訛《なま》りに、アメリカ風の流行《はや》りの衣装
でも、街ゆくあたしに
かけてくる言葉はやっぱり同じ、パリ小町さん
Et je me disais «C'est bien certain
Je dois avoir l'air américain»
En prenant l'accent, j' suis à la page
Mais v'là qu' sur mon passage
Ce fut le même refrain

パリ小町さん、お針子さん
あんた、あんたのいつもの可愛いブラウスはどうしたの?
パリ小町さん、あんた堅気の娘さんでしょ
幸せは、宝石なんかじゃないよ
パリ小町さん、心は浮き浮き

二十スーが
ときには懐かしくなるものさ
パリ小町さん、あんたお利口でしょ
お金に心を売らないで、ただただ可愛いお人形さんでいておくれ

Parisette, midinette
Qu'as-tu fait de ta petite chemisette?
Parisette, t'es honnête
Le bonheur, ce n'est pas les bijoux
Parisette, cœur en fête
Vingt sous d' fric
Quelquefois on les regrette
Parisette, t'es pas bête
Ne change pas et ne sois qu'un joli joujou

（三木原浩史訳）

レヴュ「パリは回る」のポスター
（J.Pessis et J. Crépineau:
Le Moulin Rouge〔Éd. Hermé〕）

狂乱の二〇年代

ところで、自国が戦場にならなかったアメリカ合州国は、――そう、決して合衆国ではありません、――第一次世界大戦後の一九二〇年代には、「ローリング・トゥエンティズ」(Roaring Twenties) と称される繁栄を、――一九二九年のウォール街株価暴落による終焉まで、――謳歌《おうか》しました。

ちなみに、この狂乱はヨーロッパにまで広がりました。第一次世界大戦後、莫大な人的及び物質的負債を負ったヨーロッパに、合州国は大きな投資を行います。自国が大量に生産した商品の市場として、ヨーロッパ経済を常に流動させておく必要があったからです。この合州国の戦略で、一九二〇年代半ばまでに、ドイツ (ヴァイマル共和政)、イギリス、フランスで爆発的な好景気が浮上し、一九二〇年代後半には、イギリスでは「黄金の二〇年代」(Golden Twenties)、フランスやカナダのフランス語圏では「狂乱の二〇年代」(Années folles) と呼ばれる時代が出現しました。ミスタンゲットの歌うシャンソン『パリゼット』(一九二八年) は、まさしく、その時期に当たります。

四十馬力のルノー車

以上を踏まえて、まず、第四連最終詩行《Puis une quarante chevaux》（四十馬力の自動車よ）の箇所に注目しましょう。《cheval》は「馬力」（cheval-vapeur）のことです。それゆえ、ここでは間違いなく「四十馬力の自動車」の意味です。問題は、それが、一九二〇年代最速のフランス製ルノー社の「ルノー四十馬力」（Renault 40CV）なのか、あるいは、当時、アメリカから輸入され流行していた「T型フォード車」（Ford Model T）なのか、ゼネラル・モーターズ社の車なのかです。前者は、写真でも動画でも、しっかり確認できました。後者ふたつについては、車種・馬力とも確認できませんでした。アメリカの戦略で生じた「狂乱の二〇年代」（Années folles）が背景で、しかも、パリ娘が《あたしは思った「きっと／あたしアメリカ人のように見えるに違いないわ」と／アメリカ訛《なま》りに、アメリカ風の流行《はや》りの衣装》と歌っていますので、アメリカ製、――とくに、「T型フォード」――かな、と思わないでもないのですが、ルノー車のほうは、「四十馬力」（40 CV）が歴然と車名についていますし、当時のかっこいい高級車ですので、多分、《四十馬力のルノー車》で間違いないでしょう。

二十スーの謎

次に、第六連の詩行《Vingt sous d' fric》ですが、《fric》は俗語で「金《かね》、銭《ぜに》」のことなので、単に金額が《二十スー》といっているにすぎません。そして、次行の《ときには懐かしくなるものさ》に続いていくわけですが、これでは、この懐かしい二十スーが、なんの二十スーかよく分かりません。

よく分からないのですが、この《二十スー》に先立ち、《なんとあたしに贈り物、察しがついたわ／美しいアーミンのコートと／四十馬力の自動車よ》と、「狂乱の二〇年代」ならではの途方もない金額の「贈り物」の例がでてきます。そんな豪奢《ごうしゃ》な「贈り物」に比べれば、それ以前の贈り物はもっと現実的で妥当な額面だったでしょう。お駄賃のような《二十スー》はその象徴で、そんな金額の贈り物だった時代が懐かしい、と捉えることができるかもしれません。お利口なパリ娘さん、本来、あなたはそれほどにも堅実でしょうに、と。

あるいはまた、こうも考えられるかもしれません。パリ娘が、多分、フランス人の金持ちから貰ったのは、以下の二点です。

Un beau manteau d'hermine　　美しいアーミンのコートと
Puis une quarante chevaux　　四十馬力の自動車よ

この《美しいアーミンのコート》に対応するのが、《あんたのいつもの可愛いブラウス》(ta petite chemisette) だとすると、件《くだん》の《二十スー》(Vingt sous d' fric) は、《四十馬力の自動車》に対応するなんらかの「乗り物」の料金だとも考えられます。その場合、ふと脳裡《のうり》に浮かぶのが、一九一三年一月一日をもって終焉したパリの「乗合馬車」です。京大仏文科の同窓で、滞仏歴の長い研究者Tは、この説ですが、お互い、当時の料金を示す資料を全く持ち合わせていず、はっきりしたことがいえないのが残念です。〔補注三〕

ただ、友人でジャン・ジオノの研究家山本省《さとる》氏が、ジオノの作品『憐憫の孤独』(*Solitude de la pitié*) の記述を引いて、マノスクの駅からマノスク中心地まで（二キロ程度）の乗合馬車の値段が《十スー》だったという証言を、探し出してくれました。〔補注四〕ただし、南フランスでのことです。ジオノのこの本は、一九三二年出版なのですが、おおよそ一九一五年くらいを想定して書かれているそうです。二十世紀初頭のパリなら、もう少し高かったかもしれません。二十スーぐらいだったかも分かりません。だとすれば、最新の「四十馬力のルノー車」と、「乗合馬車」が見事な対照をなし、「狂乱の二〇年代」における文明の劇的な転換を《二十スー》の一言で、見事に象徴していることになるのですが……。正解か不正解か、どなたかのご教示を得られれば幸いです。

お針子さん

ところで、この歌中の「パリゼット」は、シャンソン『パリのお嬢さん』（*Mademoiselle de Paris*）のヒロイン同様、お針子さんです。《パリ小町さん、お針子さん》（Parisette, midinette）と同格に置かれていますから、間違いありません。

パリ小町さん、お針子さん
あんた、あんたのいつもの可愛いブラウスはどうしたの？
パリ小町さん、あんた堅気の娘さんでしょ
Parisette, midinette
Qu'as-tu fait de ta petite chemisette?

Parisette, t'es honnête

ただ、「お針子」という職種は、「洗濯女」「女中」（敬称略）と並び、文学的には、――いや、実情でも再々、――売春婦の代名詞になることがあります。あまりに低賃金で、それでは食べていけないゆえ、生活していけないゆえ、仕方なしに身を委ねるわけですが、いつだって、そうとは限りません。《パリ小町さん、あんた堅気の娘さんでしょ》(Parisette, t'es honnête) と続くので、ここでは、下町の庶民のパリ娘だということが分かります。

パリゼットの意味　その一

さて、この「パリゼット」(Parisette) という単語、もちろん、ミスタンゲットの歌うシャンソンにあっても、白井鐵造のレヴュ『パリゼット』のなかにあっても、「パリ娘」「パリっ娘《こ》」、あるいはもっと粋な表現を使えば、すでに対訳として使用しているように、「パリ小町」という意味にほかなりません。「娘」《fille《フィーユ》》に指小辞をつけて《fillette《フィエット》》とすると、「少女」「若い娘」「小娘」「娘っこ」の意になることからも、容易に連想されるでしょう。生真面目な表現「パリジェンヌ」では、コケットさのニュアンスがすっかり失われてしまいますね。やはり、ここは「パリゼット」でなくては……。

パリゼットの意味　その二

「パリゼット」でなくてはならない理由、――忘れてはいけないこと、――が、もうひとつあります。まったく同じ綴り（Parisette）で、「ツクバネソウ」（ユリ科多年草）という、花の名前を指すことがあるという事実です。じつは、この意味でも、先のインテリのフランス人はご存じなかったそうです。ですから、二十一世紀の今日、この「パリゼット」（Parisette）なる綴りは、人でも物でも、もはや死語だといっていいでしょう。

「ツクバネソウ」の意味での「パリゼット」は、一説によれば、語源はトロイ戦争で有名なトロイの王子パリス（Paris）に由来するそうです。生物学上の「二（命）名法」では《Paris quadrifolia》（四葉のパリス）、――フランス語では《Parisette à quatre feuilles》（四葉のパリゼット）、――と呼ばれています。四葉のクローバーのように、十字形に水平に開いた四枚の葉の真中から一本の花茎がすっと伸び、その先に小さな丸い有毒の「青い実」をつける

ツクバネソウ（＝パリゼット）

そうですが、この「四葉」が、それぞれ、古代ギリシャ神話で美を争ったアプロディーテーとヘーラーとアテーナーの三女神、及びトロイの王子パリスの四人を表象しているのだそうです。そして、ゼウスから、ミス女神を決めるようにとパリス（その時点では羊飼いの若者）に渡された例の「黄金のリンゴ」、――後世のいう不和のリンゴ、――の象徴が「青い実」なのだそうです。まさに有毒でした。結果、戦争を引き起こしたのですから。

表象としてのツクバネソウ

ただ、それとは別に、写真で見る「パリゼット」＝「ツクバネソウ」は、大きく開いた四枚の葉を舞台に見立てますと、すっと伸びた一本の花茎とその先の実が、舞台中央にすっくと立ち、類稀なる美貌で、見事な脚線美を惜しげもなく披露し、歌い、踊り、演じるレヴュの女王、そしてミュージック・ホールの女王

「ミスタンゲット」そのひとの姿を連想させはしないでしょうか？　半世紀以上も、ミスの愛称であらゆる階層のひとびとから愛されたミスタンゲット。それでも、本人の意思とは無関係に、ある種の不幸を誘発する場合もあります。たとえば、シャンソン歌手フレエルが、一時期恋仲だったモーリス・シュヴァリエをミスタンゲットに奪われた結果、その後の人生をすっかり狂わせ破滅させてしまったことを思いだすとき、──実際は、フレエルの濃厚な愛に辟易《へきえき》したシュヴァリエが、ミスタンゲットの元に走ったというのが真相のようですが、──「パリゼット」＝「ツクバネソウ」の実《み》に内在する毒は、〈美しい花には棘があ る〉(Every rose has it's thorns.) の比喩の範疇を超え、イロニーの域に達しているように思えます。なぜなら、「棘《とげ》」＝「毒」はシュヴァリエではなく、フレエルに作用したのですから。

なお、蛇足ですが、〈美しい花には棘がある〉は、「綺麗な花には棘がある」「美しいバラには棘がある」「綺麗なバラには棘がある」ともいいます。また、よく似た英語表現の《Roses have thorns.》(バラに棘あり) は、「楽あれば苦あり」のことで、全く意味は違います。

さてそこで、第三連の最後の二行《Parisette, c'est un cri / Pour tout l' monde, j' suis l'article de Paris》ですが、まず、《j' suis l'article de Paris》、──《あたしは生粋のパリ娘》と意訳した部分を検討してみましょう。

単純に直訳すれば、《l'article de Paris》とは、「パリ（で作られた）高級小間物」のことです。それゆえ、まずは、「パリ小町」である自分を「パリ製高級装飾品」に喩《たと》えていることになります。一種の擬人法ですね。ですから、その場合、前行の《c'est un cri》は、「よぉ、パリ小町！」といった単なる「掛け声」に留まらずに、道行くみんなの注意を惹くための「呼び込みの声」のイメージに重なっていくでしょう、——《パリ小町、それは呼び込みの声／みんなに向けての、だってあたしは高級装飾品だもの》、——というふうに。

　しかし、友人の高岡優希氏も指摘するように、《l'article》には、植物学で「節《ふし》、茎節《けいせつ》、花《か》茎《けい》」の意味があり、しかも、「パリゼット」(Parisette) というフランス語は、語源こそ違え、「ツクバネソウ」という花の名前でもあったことを鑑《かんが》みると、《l'article de Paris》は、「パリという花の茎の一部」とも解せるのではないでしょうか。

ミスタンゲット
(É. Coquart et P. Huet:
Mistinguett〔A. Michel〕)

　そこで、双方のニュアンスを込めて、《パリ小町って、声が飛ぶの／みんなにとって、あたしは生粋のパリ娘》と訳しました。

　いずれにせよ、「パリという花の茎の一部」

であろうと、「パリ製高級装飾品」であろうと、あんたはパリを代表する可愛いコケットな娘さんだよ、といっていることに変わりはありません。

白井鐵造と花

話は変わりますが、白井鐵造の作品のなかに、『マリオネット』という脚本があります。これは、白井自身の説明によると、アンデルセンの御伽噺《おとぎばなし》を現代物の大人の話に改作したものだそうですが、この作品をとりあげようとしたとき、《今度の白井先生の作品は何の花がテーマ》かが、ある生徒の友人たちのあいだで関心の的になったそうです。白井は自著『宝塚と私』のなかでこう書いています。

《そういわれれば、「パリゼット」はすみれの花であるし、「ローズ・パリ」はバラの花、「サルタンバンク」はマーガレット、「ブーケ・ダムール」は愛の花束であり、「花詩集」はいろいろな花がテーマになっているもので、つづいて「野すみれ」があり、そして「マリオネット」はデイジーの花が主題歌になっている。これは美しい女の花園、宝塚の性格上、自然にこういうテーマを取り上げる作品になったわけで、無意識のうちに、自然に出来たものだから、私は改めてそういわれて、自分が気がつかないでいたことを教えられた気がした。》

〔白井鐵造著『宝塚と私』一四一頁〕

なお、「サルタンバンク」とは、《Saltimbanque》と綴り、「旅回りのサーカスの芸人、大道の軽業師・曲芸師」のことをいいます。

ここで白井は、《そういわれれば、「パリゼット」はすみれの花であるし》と書いていますが、――つまり、自作レヴュ『パリゼット』では「すみれの花咲く頃」を主題歌とした、という意味ですが、――そうして見ると、一世を風靡《ふうび》したこのレヴュ『パリゼット』に、もう一花、「パリゼット」の語源違いの花の名前「ツクバネソウ」が、タイトル名そのもののなかに内在していたことに、気づいてはおられなかったようですね。

いや、仮に「パリゼット」＝「ツクバネソウ」に気づいておられたとしても、そのことがもつ意味を、自身のレヴュに生かすことは、まったく考えていなかったということでしょう。生かしたとして、レヴュの筋立てや内容が豊かになったかどうかは、不明です。少なくとも、当時の宝塚の観客にとっては、「パリゼット」＝「パリ娘（パリ小町）」＝「ツクバネソウ」といった表象の二重性より、ハイカラな「パリ娘（パリ小町）」の簡単平明なイメージだけの方が、理解しやすかったでしょうから。

おわりに

さて、二〇一七年のいま現在から、過去八十七年を振り返ってみて、白井鐵造のレヴュ『パリゼット』が、宝塚歌劇の未来を約束しただけでなく、日本におけるシャンソン受容と普及に、最初の貢献をしたということだけは確かです。それが、たとえ「シャンソン」は訳詞で歌って当然といわんばかりの強烈な副作用を伴ったとしても、それは、決して白井鐵造の責任に帰するものではないでしょう。

最後になりますが、シャンソン及びタンゴの優《すぐ》れた評論家であり、日本訳詞家協会会長でもあった永田文夫氏は、――、惜しいことに二〇一六年五月十三日に、八十九歳で亡くなられましたが、――『歌う！シリーズ季刊シャンソン』〔二〇一二夏号第二一巻二五頁〕に寄稿された文章のなかで、こんなふうに慨嘆されています。

……ポピュラー音楽の他のジャンルでは、たとえば英語を知らないジャズ歌手や、スペイン語を勉強していないラテン・タンゴ歌手は、ちょっと見当たりません。ところが、どういうわけかシャンソン界では、フランス語のフの字も分からない（と思われる）歌手が活躍するのはともかくとしても、明らかに原詩を読まない（おそらく読めない）訳詩者が幅を利かせているようです。そして、そういう輩に限って「自分の歌詩は訳詩ではなく創作」などとうそぶくのです。〔傍点三木原〕

二十一世紀の今日、もし白井氏が生きていれば、永田氏ときっと同じ感慨を抱かれると思います。訳詞もいいけど、シャンソンが日本に入ってから、もうかれこれすると一世紀経つんだよ、まずは原詩で、フランス語で歌うことがふつうという状態になっていてもいいのでは、と。それが、異文化たる彼《か》の国フランスに対する、文化・芸術に対する最小限の敬意ですよ、と。

そういうことでいえば、少しずつ、歌手の側にも、一般の愛好者の側にも、意識の変化が起きてきていることを、最近、感じます。一例を挙げれば、二〇一七年十月に第十一回目を迎える予定の浜松シャンソンコンクールの場合が、そうでしょう。このコンクールでは、当初から一貫して、出場者はそれぞれ二曲ずつ自由に選択して歌いますが、そのうち一曲は必ずフランス語原詩であることが義務づけられています。このコンセプトを、白井鐵造氏は、あの世で大いに喜ばれていることでしょう。

〔補注〕

一　一行は、当時の船旅にならい、南仏マルセイユに入港し、そこから汽車でパリに向かい、オペラ座前広場、カジノ・ドゥ・パリでの他愛ない会話を経て、幕を閉じます。岸田辰彌自身の遊学経験を踏まえての旅行談ですが、そのじつ、狂言回しをつとめる主人公で、岸田辰彌の分身「串田福太郎」の駄法螺話といっていいでしょう。その福太郎が船中で知り合う人物が、太田新吉・房子夫妻、及び牧野義治画伯です。白井鐵造『宝塚と私』（二二一―二二三頁）によれば、太田新吉・房子夫妻のモデルは、小林一三の長男の冨佐雄・冨士子夫妻で、この夫妻が新婚旅行でヨーロッパに行く際に、岸田も同船したそうです。

二　白井鐵造翻案訳詞『パリゼット』

パリゼット、ミジネット
小意気なおしゃれのパリ娘
パリゼット、小さなハートを
ダイヤモンドのように守り
パリゼット、ブロンジネット
可愛いエクボのパリ娘
パリゼット、只チャーミング
誰でもお前を愛す

生粋のパリ娘には
立派な服装はいらない
小さなリボンの飾り
襟にすみれ
帽子を目深かに

スカートは気の向くまま
短く又は長く
それでも意気で可愛い
パリの花、パリゼット

シャンゼリゼーの大通り
賑やかなオペラの広場を
楽しく笑みを投げて
踊る足どり
パリの娘
人は皆振り返り
優しく笑みを返し
おお可愛いマドモワゼル
パリの花、パリゼット

三　ちなみに、鹿島茂著『馬車が買いたい』〔白水社、一九九〇年〕には、一八二九年の「辻馬車」

料金、及び一八二八年のパリ市内の「乗合馬車」料金が、文中に記載されています。

①辻馬車（一八二九年）

＊fiacre（四輪有蓋馬車）、一乗り三十スー。時間で乗ると一時間につき四十五スー。

＊cabriolet（二輪無蓋馬車）、一乗り二十五スー。時間で乗ると一時間につき三十スー。

②乗合馬車（一八二八年）

＊omnibus（乗合馬車）、全区間五スー。

なお、鹿島茂氏は、十九世紀にあっては、一フラン＝千円、一スー＝五十円、一サンチーム＝十円で換算する旨の注記を認めておられます。

四　以下は、中短篇二十作を収めたジャン・ジオノの作品『憐憫の孤独（*Solitude de la pitié*）』〔彩流社、山本省訳、二〇一六年〕の最初にくる物語、タイトルも同名の「憐憫の孤独」のなかの一節です。なお傍点は三木原です。

《彼らは駅の開き戸にもたれて坐っていた。これから先どうしてよいのか分からず、乗合馬車や、雨で濡れて光っている街道をぼんやり眺めていた。物干しから地面に落ちた布切れのように、白くて平坦な泥のなかに冬の午後が宿っていた。

二人の男のうちの太っている方が立ち上がった。ビロードの大きな外套の両脇を探り、大工用の小さなポケットのなかを指の先でまさぐった。御者は御者席によじ登っていた。御者が間髪を入れず舌うちすると、馬たちは耳をそばだてた。男は「待ってくれ！」と叫んだ。それから男は連れに「行こうぜ！」と言った。連れの男は動きはじめた。彼は非常に痩せていたので、古ぼけた羊飼い用の分厚い外套はだぶだぶだった。粗布から出ている首は、鉄製の組紐のように痩せこけていた。

「どこへ行くんだね？」太った男は訊ねた。

「町行きだよ」

「いくらだね？」

「十スーです」

「乗るんだ！」太った男は言った。

彼は身をかがめ、外套の裾を押し広げ、相棒の脚を踏み台まで持ち上げた。

「乗れよ！」彼は相棒に言った。「頑張るんだ、お前さん」》

第三話　モンマルトル讃歌、またはノスタルジー

——コラ・ヴォケール、フレエル、そしてふさぎの虫——

はじめに

モンマルトルを舞台にした名曲、アリスティド・ブリュアン作詞作曲のシャンソン『白いバラ（サン・ヴァンサン通り）』（*Rose Blanche*）と、ジャン・ルノワール作詞ジョルジュ・ヴァン・パリス作曲のシャンソン『モンマルトルの丘の哀歌』（*La Complainte de la Butte*）を十八番《おはこ》とする、歌手コラ・ヴォケール（Cora Vaucaire, 1918-2011）、――本名、ジュヌヴィエーヴ・コラン（Geneviève Collin）、――は、パリが好き、なかでもモンマルトルが大好きなようです。南仏は、マルセイユ生まれなのに……。

コラ・ヴォケール
（写真提供：共同通信社）

この二曲以外にも、たとえば、『モンマルトルに帰りて』（*Retour à Montmartre*）とか、『パリを想う』（*On pense à toi, Paris*）とか、パリを、そしてなかでもとくに、十八区モンマルトルを思い懐かしむシャンソンを、いくつか歌っています。

パリを想う

シャンソン『パリを想う』は、コラ・ヴォケールの夫ミシェル・ヴォケール（Michel Vaucaire）の作詞、作曲はそのミシェルとシャルル・デュモン（Charles Dumont）の共作で、一九五九年の作品です。正確に校訂された歌詞がありませんので、インターネットからのフランス語歌詞をもとに、大意を記しておきましょう。

【歌詞一番】夢の売り子たち、愛を売る娘っ子たち、アメリカのすべてのマノンたち、シンガポールのすべてのカルメンたち、そういった娼婦たちは、ときに、憂鬱で物悲しい気分になるって？　世界を股に掛ける冒険家たち、船乗りや植民者や金鉱探しのひとたち、そういった連中もまた、ふさぎの虫（cafard）《カファール》に取り憑《つ》かれるときがあるって？　世界中で、夜な夜なに。

【ルフラン】そんなひとたちは、おまえを、おまえを、パリのことを想わないではいられない。ぼんやりしているとき、退屈なとき、おまえへの想いは、まるで恋人みたいで、自分の人生（生活）のすべてを話して聞かせられるんだ！　ひとりぼっちのとき、すべてが灰色に見えるとき、気分が悪いとき、悪くなる一方のとき、そんなひとたちは、おまえを、おまえを、パリのことを想う。すると、すぐさまなにかが微笑《ほほえ》みかけてくるんだ！

室生犀星《むろうさいせい》ではありませんが、《ふるさとは遠きにありて思ふもの》は、万国共通の感情のようです。パリを離れて久しいとき、そこで孤独に襲われたとき、「ふさぎの虫」に取り憑かれたとき、やることなすことがうまくいかないとき……、しみじみパリを想い、懐かしみ、賛美したい気持ちになるようです。ここで面白いのは、「ふさぎの虫」（cafard《カファール》）、――本来は「ゴキブリ」、――などという単語を使っていることです。

それに続く歌詞を見てみましょう。モンマルトルが、――パリ十八区が、――特別なふたりである「ぼくたち」と、忘れがたい思い出や温もりで、分かち難く結びついていることを知るでしょう。

【歌詞二番】ぼくは、ある街角を思いだす、十八区にあった小さなビストロを、髭《ひげ》もじゃのオーヴェルニュ人のマスターを、よくぼくたちにクリーム・コーヒーを入れてくれたな！　ぼくたち、一日に二度もそこで落ち合い、愛のことばをかわしたっけ？　そのとき以来、心の奥底で、パリといえば、ぼくにとって、幸せそのものなんだ！

【ルフラン】ぼくは、おまえを、おまえを、パリのことを想わないではいられない。ぼんやりしているとき、退屈なとき、おまえへの想いは、まるで恋人みたいで、自分の人生（生活）のすべてを話して聞かせられるんだ！　ひとりぼっちのとき、すべてが灰色に見えるとき、気分が悪いとき、悪くなる一方のとき、おまえを、おまえを、パリのことを想う。決して忘れることのできない愛を想うようにね！

モンマルトルに帰りて

シャンソン『モンマルトルに帰りて』は、やはりミシェル・ヴォケールの作詞で、作曲は『モンマルトルの丘の哀歌』と同じジョルジュ・ヴァン・パリス（Georges Van Parys）、一九五五年の作品です。久し振りに戻ってきたモンマルトルが、すっかり変わってしまったことに驚き慨嘆し、二十歳のころの自分を、つまり、かつての青春時代の風景を懐古するという内容で、モンマルトルへのノスタルジーに満ち満ちています。一人称は女性でも男性でもいいと思いますが、コラの女声で聴いていると、「あたし」に心情移入したくなります。これもまた、インターネットからのフランス語歌詞をもとに、大意を記しておきましょう。

【歌詞一番】あたしはルピック通りを上っていった、もうほんとうに何年ぶりかしら。昔馴《な》染《じ》みのお店を探したけど、なにも見つからなかった。暗がりのなかで、いくつものビルが輝いていた、たくさんの看板のネオンに照らされて、そして坂道を、何台もの自動車がよじ登っていた、外国人を詰め込んで！

これが、一九五五年ごろの、パリのモンマルトルの風情ということですね。文字だけ読めば、二十一世紀初頭のいまのモンマルトルと同じ光景です。そんな「あたし」が、ルフランで嘆き節を奏でています。耳を傾けてみましょう。

【ルフラン】モンマルトル、ねぇ、あなた、少しはいって、ねえ、いったいどういうわけなの、あなたのところに戻ってきたのに、モンマルトル、ねぇ、あなた、いったいどういうわけなの、あたしにはもう見覚えがないわ、あなたの街並に。

このルフランは、つごう三回繰り返されますから、モンマルトルの新しい変身についていけない「あたし」の気持ちが、ことさら強調されることになります。《歌は世につれ、世は歌につれ》ではありませんが、懐古しているだけでは、ひとは生きていけません。それでも、「古きよき時代」という感覚は、いつの時代にもそれなりに存在し、いつの時代でもそうであるような急先鋒で「傲慢な現在」への、風流なアンチテーゼになっています。

【歌詞二番】ユトリロが自分の油絵を売っていた、オーヴェルニュ人経営の安居酒屋に、二リットルの赤ワインと引き換えに。そして、その日暮らしのセミみたいな連中が、もっとたくさんいたわ、働きアリみたいな奴らよりもね、あのころは！　板塀の上のほうに、ひとりひとりが自分の本心を彫り込むの、幾輪ものリラの花が枝を伸ばしていたわ、幸福をもたらしますように、って！

【歌詞三番】与太者たちは、短い頰髭《ほおひげ》をはやし、ベルボトムのズボンをはいていたけど、詩人たちを尊敬していたし、ブリュアンのシャンソンを歌うこともできたわ。人生なんてお気楽に思えていたし、なんとかその日暮らしでいけたし、千フランの札束に目もくれなかったし、大切にしていたのは色事だけ！

【歌詞四番】モンマルトル、ねぇ、あなた、あたしが、ちょっとあなたのことを恨んでるとしたら、理由はこうよ、戻ってきたのに、以前のようにぶらつきにね、理由はこうよ、戻ってきたのに、あたしの二十歳のころ（＝青春）を探すために、なのに、とつぜん思い知らされたからなの、それが、遠い昔の出来事だってことを！

コラ・ヴォケール

故郷のマルセイユからパリにでたコラ・ヴォケールは、当初は演劇を志し、俳優として活躍しはじめたようですが、やがてシャンソン歌手として足を踏みだしました。一九四一年にABC劇場で開催されたシャンソンコンクールで栄冠を得て以来、――歌ったのは、フランシス・カルコ作詞ジャック・ラルマンジャ作曲の『やさしいシャンソン』（*Chanson tendre*）でしたが、――やがて、「サン・ジェルマンの白い貴婦人」と呼ばれるようになり、シャンソン歌手としての揺るぎない地位を獲得するにいたりました。歌声は、内気で、繊細で、やさしさに満ち、とくに発音の美しさには定評がありました。いったい、いつ、どこで、マルセイユ訛《なま》りを矯正したのでしょう、――女優時代の発声トレーニングによるものでしょうか……。

あれは、いったいどこ?

コラ・ヴォケールよりも二十七年早く生まれた、〈ベル・エポック〉(Belle Époque)を、――正しい発音は「ベレポック」ですけど、――代表するシャンソン歌手のひとり、フレエル(Fréhel, 1891-1951)も、モンマルトルを懐古していますが、コラの選んで歌うシャンソンとは異なり、乾いていて、リアルです。本名はマルグリット・ブルシュ(Marguerite Boulc'h)、パリ生まれですが、両親はブルターニュの出身です。

まず、フレエルの『あれは、いったいどこ?』(*Où est-il donc ?*)を聴いてみましょう。一九二六年の作品で、作詞はリュシアン・カロル(Lucien Carol)とアンドレ・ドゥケイ(André Decaye)、作曲はヴァンサン・スコット(Vincent Scotto)。創唱は、男性歌手ジョルジェル（Georgel）ですが、有名になったのは、一九二七年にフレエルが歌ってからです。ただ、ここで『あれは、いったいどこ？』を取り上げるのは、「ふさぎの虫」（cafard）、――例の「ゴキブリ」、――が、このシャンソンにも登場するからにほかなりません。

アメリカのことを噂するひとたちがいる
そのひとたち、映画の幻影を見ているのだ
だから、こういう「なんて素晴らしい国なんだ、
それに比べりゃ、たいしたことないさ、俺たちのパリは！」
そんなでたらめを聞いて、気が大きくなって、
要するにアメリカに出かけていくんだな、ふさぎの虫（cafard《カファール》）のついたとある日……
そして、またひとり増えるだろう、腹ペコで、
夜のニューヨークで、はした金を求める男が、
淫売婦たちや追放者たちや、
傷心の移民たちのあいだでね、
で、その男は、パリを懐かしんで、こう思うだろう：

ブランシュ広場の俺の風車はどこにある？
俺のタバコ屋と俺の角の居酒屋は？
俺にとっちゃ、毎日が日曜日だった！
友達や仲間はどこにいる？
俺のなじみのバル・ミュゼット（ダンスホール）はどこにある？
アコーディオンの音に合わせて踊るあそこのジャヴァは？
高い金を払わなくても食えた俺の食事はどこだ？
一袋二スーの安いフライド・ポテトは？
あれはいったい、どこにある？

（ルフラン）

もっと金儲《かねもう》けをしようと思うほかの連中は
もっと美しい黄金の夢を、いまもなお見つづける……
どうしてそんな長旅の危険を冒すことがある、
パリにはたくさんのカモがいるというのに？
とてつもない取引が企てられる、
善良な庶民の金で、

が、ある日、突然、……大スキャンダルときた。
ご当人は、今夜は留置所泊まりだろう！
そして明日には送られるだろう
十年の刑で、ヌメアに、
そこでまたひとり、こういうひとが増えるのだ‥

それにしても、モンマルトルは消えかけているように思える
だって、残念なことに、時が経つにつれ、
アベッスからテルトル広場にかけて、
あの古い建物が取り壊されているからだ。
モンマルトルの丘の空き地には
もうすぐ、大銀行がいくつもできるだろう、
そうしたら、どこでとんぼ返りをするのだろう、
きみたち、プルボが描いたやんちゃ坊主たちは？
往時を懐かしみながら、
サリスを思い出して、わたしたちは歌うだろう、

モンマルトル、おまえの「哀悼歌！」を。

(三木原浩史訳)

モンマルトルへのストレートな哀惜・哀悼は、文字通り、「ルフラン」で何度も繰り返されます。《ブランシュ広場の俺の風車》とは、いうまでもありません、イヴェット・ギルベール、ラ・グリュらが活躍したキャバレー「ムーラン・ルージュ」(赤い風車)のことです。開設は、一八八九年。この店名、広場名の「ブランシュ」、——白い広場、——にちなんで「ムーラン・ブラン」(白い風車)としなかったところが、面白い。看板がわりの風車の四枚の羽を真っ赤に塗って、地域イメージの白地に「赤」を際だたせた宣伝効果は絶大だった?……、もっとも、ほんとにそんな意図があったかどうかは、憶測にすぎませんが。

最盛期は、十九世紀末から第一次世界大戦開始まで、——フランスにおける、いわゆる〈ベル・エポック〉に対応しています。建物だけは二十一世紀の今日まで健在ですが、ただし、ボヘミアン文化発信の栄光はすでになく、観光客相手で賑わっています。それもまたよし、時の流れというものでしょう。踊り子たちの鍛えに鍛えられた美しい肉体と活発な動きは、一見に値します。

「バル・ミュゼット(Bal musette)」は、モンマルトルの大衆的なダンスホールのこと。客たちは、そこでアコーディオン演奏に合わせて、三拍子の歯切れの良い軽快なダンス「ジャヴァ」を踊りました。「ジャヴァ」の最盛は、第一次世界大戦が始まるまでですが、実際には、両大戦間を経て、第二次世界大戦後も、ゆるやかにブームは続いたようです。

こう見てくると、「ムーラン・ルージュ」も「バル・ミュゼット」も、古きよき時代〈ベル・エポック〉の象徴、フレエルの懐古に相応《ふさわ》しい文化的記号だといえましょう。

ラ・ジャヴァ・ブル

一九二二年作の『ラ・ジャヴァ』(*La Java*) は、ジャック・シャルルとアルベール・ウィルメッツの作詞、モーリス・イヴァン作曲で、ミスタンゲットが創唱しました。「カジノ・ドゥ・パリ」のレヴュ『こっそりと』(*En douce*) の主題歌です。ミシェル・エメール (Michel Emer) 作詞作曲で、エディット・ピアフ (Edith Piaf) が一九三九年に創唱した名曲『アコーディオン弾き』(*L'accordéoniste*) には、ヒロイン（街娼婦）を、その技量で虜《とりこ》にしてしまうジャヴァの名手が登場しましたし、第二次世界大戦後の一九五五年には、エディ・マルネ作詞、エミール・ステルン作曲、その名も『ジャヴァ』(*Java*) が作られました。

そして、フレエルも、当然のことながら「ジャヴァ」に関係しています。一九三八年の映画『ジャヴァ』（*Une java*）に主演した折のことで、主題歌『ラ・ジャヴァ・ブル』（*La java bleue*）を歌ってヒットさせました。作詞はジェオ・コジェール（Géo Koger）とノエル・ルナール（Noël Renard）、作曲はヴァンサン・スコットです。

大衆的ダンスホール「バル・ミュゼット」で、体を密着して踊る、――ジャヴァとは、いってよければ、そういう下世話なダンスでしたが、――そこでの男と女の束の間の陶酔と熱狂を、フレエルは、落ち着いた風情で、軽やかに歌っています。「ジャヴァ」の本質、持ち味を熟知したうえでの淡々とした歌唱です。

バル・ミュゼットには
甘い調べが満ちていて
頭はぼぉーとなり
胸はどきどきする
小刻みなステップで踊っているあいだに
愛する女性を抱き締め
震え声でささやくのだ
アコーディオンの歌うのを聞きながら。

第三話　モンマルトル讃歌、またはノスタルジー

それはジャヴァ・ブルー
いちばん美しいジャヴァ
ひとをとりこにする
ふたりで見つめ合って踊るとき
陽気なリズムにのって
からだがひとつに重なるとき
この世で、これほどのジャヴァは
ふたつとはない
それがジャヴァ・ブルー
（ルフラン）

愛しいきみ、こうして抱き締めていると
ぼくは、もっと強くきみを抱き締めたくなる
忘れないようにね、きみの体の感触と
きみの体の温かさを
どれほど多くの約束が、どれほど多くの誓いが

束の間の熱狂のなかで交わされることかというのは、愛に満ちたこうした誓いは長続きしないということを、知っているからだ。

（三木原浩史訳）

パトリック・ブリュエル

じつは、この『ラ・ジャヴァ・ブル』、二〇〇二年に日本で発売された、パトリック・ブリュエル（Patrick Bruel, 1959-）のＣＤ『アントル＝ドゥ』（*Entre-deux*）のなかにも収録されています。フレエルとは、まったく芸風が違いますが、ブリュエル特有の、少しかすれ気味の力をぬいた歌唱法が、この場合、二十一世紀に生きる若者向きのような気がします。インターネット映像に見るブリュエルの肉体の動きが、ひらひらした影の舞いに見えてきましたから、驚きました。第二次世界大戦前夜の重苦しい雰囲気のなかで渇望されたであろう「明るさ」と、見せかけの明るさを謳歌《おうか》する今日の「軽やかさ」との、――能天気さ、とまではいいませんが、――相違かもしれません。が、じつをいうと、フレエルとブリュエルの双方とも大好きです。

ただ、フレエルは、作詞どおり〈歌詞一番—ルフラン—歌詞二番—ルフラン〉の順で歌っていますが、常になにかしらしないではいられないブリュエルは、〈ルフラン—歌詞一番—ルフラン—歌詞二番—ルフラン〉と歌っています。もっともステキな詩句はルフラン部分ですよ、といわんばかりに。ブリュエルの詩的直感が、そうささやいたのでしょう、きっと。そして、それは正しい！　クープレ（歌詞）は、凡庸です。

シャ・ノワール

さて、フレエルの『あれは、いったいどこ？』（*Où est-il donc ?*）にもどりましょう。このシャンソンの深い愛惜の情は、じつは、歌詞三番の「固有名詞」のなかにこそ、込められています。さりげなく、そっと……。見てみましょう。

《プルボが描いたやんちゃ坊主たち》と懐かしむプルボは、もちろん、《「プチ・プルボ」と呼ばれる典型的なモンマルトルの浮浪児》を創出したあの漫画家フランシスク・プルボ（Francisque Poulbot, 1879-1946）のこと。一九三〇年ごろには、「プルボ」（poulbot）という単語は、「モンマルトルの貧しいが気のよい腕白小僧たち」の代名詞として定着したようです。

また、《サリスを思い出して、わたしたちは歌うだろう》のサリスとは、一八八一年に、芸術キャバレー（Caveau Artistique）として開設された「シャ・ノワール（黒猫）」（Chat Noir）のパトロン、ロドルフ・サリス（Rodolphe Salis）のことです。芸術家・文人たちが寄り集《つど》い、自作の詩を朗読したり、シャンソンを歌ったりする場として、サリスはこの店を提供しました。

シャ・ノワールの広告
（T-A Steinlen:
Catalogue raisonné
〔Éd. du Grand-Pont〕）

キャバレーゆえに、当然のことですが、いつも客がいました。会員制サークルで、自作を仲間内だけで披露していた芸術家・文人たちが、客観的な観客・聴衆を得た瞬間です。歴史的瞬間といっても、いいかも分かりません。「シャ・ノワール」の出現は、モンマルトルにおけるキャバレーの概念を一新し、その成功は、芸術キャバレーの地位を確立することになり、出演者のステイタスを、一挙に高めることになったからです。こうして、当時、パリ市に編入されたばかりの辺鄙《へんぴ》なモンマルトルのイメージは、一変しました。

アリスティド・ブリュアン（Aristide Bruant, 1851-1925）の「シャ・ノワール」でのデビュー曲タイトルは『ル・シャ・ノワール』、まさに、キャバレー「シャ・ノワール」讃歌でした。

ぼくは幸運を探し求める、　Je cherche fortune;
シャ・ノワールの周辺で、　Autour du Chat noir,
月明かりもと、　Au clair de la lune,
夜のモンマルトルで。　A Montmartre, le soir.

（三木原浩史訳）

モンマルトルには、以後、同様のキャバレーがいくつも生みだされました。キャバレー「オ・ラパン・アジル（敏捷なウサギ亭）」(Au Lapin Agile) もそのひとつ、——この名前に変更する以前は、当時のぶっそうなモンマルトルを想起させる、「殺人者たちのキャバレー」(Cabaret des Assassins) でした。キャバレー以外の溜まり場では、「ル・バトー＝ラヴォワール（洗濯船）」(Le Bateau-Lavoir) や、『あれは、いったいどこ?』の歌詞三番ででてくる「テルトル広場」(Place du Tertre) でしょう。

ボエーム

結果、ボエーム（bohème）と呼ばれた多くの芸術家・文人たちが、モンマルトルの丘に住み着き、第一次世界大戦までを最盛期にして、自由奔放な生活を送ることになりました。俗にいう、ボヘミアン生活情景ですね。

後世名を成したひとたちを、脈絡なしに挙げてみましょう……、シャンソンのアリスティド・ブリュアン、詩人のシャルル・クロ、ユーモア小説のアルフォンス・アレ、風刺画家のアンドレ・ジル……、そして、もう肩書きは不要でしょう、ポール・ヴェルレーヌ、ステファーヌ・マラルメ、ヴィリエ・ドゥ・リラダン、エリック・サティ、クロード・ドゥビュッシー、モーリス・ユトリロ……。

ル・ミルリトン

「シャ・ノワール」の跡地に建ったのが、「ル・ミルリトン」（le Mirliton, 1885-94）。いわずと知れた、アリスティド・ブリュアンの活躍したキャバレーですね。シャンソン研究者、青木夏子氏の独創的な発表『フレエルと〈ベル・エポック〉の終焉』によれば、《このキャバレーでは、客はみな「ならず者」として扱われ、ブリュアンが自作自演する「ならず者のシャンソン」を聴く》という趣向がこらされ、それが大受けに受けたことにより、ついには、モンマルトルのみならず、《パリのならず者たちは、ブリュアンによって「神格化」される》という社会現象を生み出したそうです〔「第十一回シャンソン研究会」二〇〇八年五月二十三日（金）、於 信州大学人文学部〕。

歌中の「シャ・ノワール」は、シャンソン歌手ブリュアンを媒介に、言外で暗にキャバレー「ル・ミルリトン」につながり、〈ベル・エポック〉におけるモンマルトル文化の継続と広がりを、聴衆に想起させる効果をも内包しています。

狂乱の二〇年代

自国が戦場にならなかったアメリカ合州国では、――そう、ユナイティッド・ステイツを、イデオロギーなしに直訳すれば、「合衆国」ではなく、「合州国」でしょうから、――第一次世界大戦後の一九二〇年代には、「ローリング・トゥエンティズ」（Roaring Twenties）と称される繁栄が、一九二九年のウォール街株価暴落まで続きました。

この異様な繁栄はヨーロッパにまで広がりました。大戦後に、膨大な人的・物質的負債を負ったヨーロッパに、合州国は大きな投資を行います。自国が大量に生産した商品をさばく市場として、ヨーロッパ経済を常に流動させておく必要があったからです。この合州国の戦略で、一九二〇年代半ばまでに、ドイツ（ヴァイマル共和政）、イギリス、フランスで爆発的な好景気が浮上し、二〇年代後半は、イギリスでは「黄金の二〇年代」（Golden Twenties）、また、フランスやカナダのフランス語圏では「狂乱の二〇年代」（Années folles）と呼ばれるようになりました。フレエルの歌う『あれは、いったいどこ？』（一九二六年）は、まさしく、その時期のシャンソンです。


また、第二次世界大戦後の一九五〇年代には、今度は「アメリカン・ドリーム」、つまり黄金の五〇年代の栄華を迎えますが、コラ・ヴォケールの歌う『パリを想う』（一九五九年）は、この時期の歌です。三十三年の隔たりを越えた、両曲の表層的な類似に驚かされます。

狂乱の二〇年代、モンマルトルでの現実の生活に倦み疲れ、「ふさぎの虫」に取り憑《つ》かれ、反射的にアメリカに憧れ、一攫千金《いっかくせんきん》を夢見て渡米するのが、前者のシャンソン『あれは、いったいどこ？』。世界を股に掛けて、そして現実を知り、幻影から醒めたとたん、「ふさぎの虫」になり、挙句に思いだすのが、どこあろう、パリはモンマルトルというのが後者のシャンソン『パリを想う』。見事に連続している、……というか、人心のご都合主義の円環を、この二曲で開き、そして閉じているように思えます。
シャンソン『あれは、いったいどこ？』の冒頭近くは、こんなふうに始まっていましたよね。

「(アメリカは) なんて素晴らしい国なんだ、
それに比べりゃ、たいしたことないさ、俺たちのパリは！」

ブルジョワでもなく、上流階級でもない、そんな芸術家に代表されるボエーム、そして娼婦、ヒモ、その他社会のあぶれ者たち……、貧しくも哀しく、愚かしくも希望に満ちたその日暮らしのひとびとが生活していた〈ベル・エポック〉のモンマルトル。そんな場末の庶民の目に耳に、アメリカ映画の幻影が、――「ローリング・トゥエンティズ」の美味しい映像が、――アメリカ人の贅沢な生活が、――届けられる。《たいしたことないさ、俺たちのパリは！》の取り憑《つ》く瞬間です。よく考えもせず、出発するときです、――アメリカに向けて。

根拠のない幻影は、やがて醒めるときがきます。ふと思い返すのは、いつだって、決まって、――それもまた幻影なのですが、――かつて住んだ「失われた故郷」、かつて生きた「古きよき時代」……、というわけです。

こうしてみると、それほど特殊な歌詞内容でもありません、……うわべだけ見れば、ですが。

ふさぎの虫

フレエルの『あれは、いったいどこ？』と、コラ・ヴォケールの『パリを想う』の双方に堂々の登場をする、「ふさぎの虫」（cafard《カファール》）が面白いと思われませんか？

どうもこの「虫」、モンマルトル界隈《かいわい》にのみ棲息《せいそく》し、ひとたび、ひとに取り憑《つ》くと、強烈なアレルギーを惹き起こすらしい。それも、一様ではない、ときに正反対の反応を。かくいうこの話し手「わたし」も、時代を超えて、取り憑《つ》かれたようです。その副作用で、いま、このようなお話をしているわけですから……。

コラ・ヴォケールの「ふさぎの虫」には、聴いていて不安は感じません。故郷モンマルトルへの回帰を促す「虫」だからでしょう……。健康への回復、――幻想から現実直視へ、――を予感させるからです。いま一度、室生犀星《むろうさいせい》のことばを借りるなら、《遠きみやこにかへらばや》〔「小景異情」その二『抒情詩小曲集』〕の心境ですね。

そんなコラと比べれば、フレエルの「ふさぎの虫」は、聴くものの心を、うっすらと暗い闇で覆います。現実から夢に、――つまりは幻影に、――駆り立てる「虫」だからでしょう、多分。事実、フレエルの実人生を多少とも知る後世の聴衆からすれば、そうでしょう。

フレエル

ツルニチニチソウ嬢
（フレエル）

ジャン＝クロード・クラン他による『シャンソン・フランセーズの百年』〔Chantal Brunschwig, Louis-Jean Clavet, Jean-Claude Klein: *Cent ans de chanson française 1880-1980*, Éditions du Seuil, Paris. 1981.〕によれば、フレエルが生まれたのは、一八九一年、パリ。家は貧しく、五歳ですでに、盲目の流しの老芸人について歩き、大衆歌を歌ったそうです。十五歳のとき、劇場やミュージック・ホールで化粧品を売ったり、音楽出版社に出入りしたりしているうちに、声と美貌が認められ、ブラスリー「ユニヴェール」、――後の「アンピール」、――で歌手デビューしました。プティット・ペルヴァンシュ(Petite Pervenche)、――小さなツルニチニチソウ、――という芸名で。

一九一〇年、十九歳のときに、俳優のロベルティと結婚。ロベルティは、フレエルに歌と発声法を教え込みました。一九一三年には、ベルタル＝モーボン作詞、レオ・ダニデルフ作曲の『リヴィエラ海岸で』(*Sur les bords de la Riviera*)を創唱する機会を得て、これがヒット。しかしその後、ロベルティは、フレエルを捨て、ダミアのもとへと去ります。そんな失意のフレエルのもとに現れたのが、三歳年上のハンサムなモーリス・シュヴァリエ(Maurice Chevalier, 1888-1972)でした。激しく真剣な愛を捧げますが、それを重荷に感じたシュヴァリエは、十五歳年上のミスタンゲット(Mistinguett, 1873-1956)、――本名ジャンヌ・ブルジョワ、――の元へ走ります。

この大失恋が、フレエルの人生を狂わせました。シュヴァリエに殺意を抱くまでになったといいますから、自己制御がきかなくなったのでしょう。酒、エーテル、コカインに溺れ、ついには、自殺への強迫観念から逃れるために、――ほんとうは、シュヴァリエから離れるために、――パリから遠く国外脱出をはかります。これぞ、最大の「ふさぎの虫」です。

第一次世界大戦前夜の一九一四年のこと、フレエルが、築き上げたもの、すべてを捨てて向かった先は、東欧ルーマニアのブカレストでした。以後、ロシアのペトログラード（サンクト・ペテルスブルク）、トルコ帝国のコンスタンティノープル（イスタンブール）と遍歴を経て、再びパリに戻ったのは一九二三年。

同年、「オランピア」（l'Olympia）で再起をはかりますが、驚いたのは聴衆です。この間、パリでは、もうすっかり忘れられた存在になっていたからということもありますが、苦悩から逃避するために、麻薬の力に寄りかかった十年間の荒《すさ》んだ生活が、かつての美貌を、まだ三十二歳だというのに、見分けのつかないぐらい、ぶよぶよの醜女《しこめ》に変えてしまっていたからです。そこで、劇場の支配人ポール・フランクは、あえて逆手をとって、《忘れられず、忘れられていない女性》（l'inoubliable inoubliée）というキャッチフレーズで打ってでました。もっともこのキャッチフレーズ、〈l'inoubliable et inoubliée〉のように形容詞ふたつを〈et〉（そして）で結んでいる資料も散見します。どちらも使われていたのでしょう。

ミスタンゲットと
モーリス・シュヴァリエ
（E. Behr　*Maurice Chevalier*
〔Robert Laffont〕）

フレエルは、ダミア、イヴォンヌ・ジョルジュと並ぶ、一九二〇年代のシャンソン・レアリストとして復活しますが、それ以後のシャンソンには、辛く悲しい人生が、色濃く投影されていて、歌詞・曲想ともに好みにあわないので、聴くことはほとんどありません。
ちなみに、復活から十二年後、一九三五年の『あたしの恋人たちはみな、どこにいるの?』(*Où sont tous mes amants ?*)のルフランを引いておきましょう。

あたしの恋人たちはみな、どこにいるの?
あんなにもあたしを愛してくれていた恋人たちは
むかし、あたしが美しかったころのことだけど
さようなら、不実な男どもよ
どこかあたしの知らない所にいるのよね
ほかの女たちと逢引して
あたしだって、気持ちはまだ老いこんでないのに
あたしの恋人たちはみな、どこにいるの?

(三木原浩史訳)

《あたしの恋人たちはみな》、〈ベル・エポック〉のモンマルトルの追憶でしかない、——い

まも、現役で活躍していようとも、――です。失われた過去は、フレエルの美貌同様、決して永久に戻ってはきません。

ペペ・ル・モコ

ところで、シャンソン『あれは、いったいどこ？』（一九二六年作）を、不朽の域にまで高めたのは、皮肉にも、一九三六年作の映画『ペペ・ル・モコ』（邦題：『望郷』）です。主演男優はジャン・ギャバン、監督はジュリアン・デュヴィヴィエ。かつては人気を博したシャンソン歌手で、いまはすっかり零落した、――ここまでなら、まるでフレエルの実人生そのものですね、――娼家の女将という役柄で出演したフレエルが、自身の全盛時代に吹き込んだSPレコードに合わせてこのシャンソンを口ずさんだとき以来、文字通り、《忘れられず、忘れられていない》曲となりました。ただ、映画のなかでは、フレエルの目に、しだいに涙が込み上げてきて、歌えなくなってしまいます。それゆえに感動的で、そして同時に悲しい。

第二次世界大戦後に、フレエルの歌手としての道は、もはやありませんでした。落ちぶれて、失意のうちに、モンマルトル、ピガール街の安ホテルの一室で、息を引き取りました。一九五一年二月のことです。そう、フレエルに取り憑《つ》いた「ふさぎの虫」に、救いはありませんでした。それに比して、コラ・ヴォケールは、夫のミシェル・ヴォケール（Michel Vaucaire, 1904-80）と連れ添ったのち、二〇一一年九月十七日に亡くなるまで、幸せな晩年を送りました、……多分。

おわりに

ところで、「ふさぎの虫」（cafard《カファール》）の第一義的な意味は「ゴキブリ」だということには、すでに触れました。だから、《ふさぎの虫に取り憑《つ》かれる》は、「ゴキブリに取り憑《つ》かれる」といっているのと同じで、いささか不気味ですね。

ロベール・マルロン作詞、ロベール・ジュエルとマルグリット・モノーの作曲、エディット・ピアフの名唱で名高い『見知らぬひと』（*L'Étranger*）にも、「ふさぎの虫」は登場します。感動的な台詞のなかでの比喩ですから、「ゴキブリ」君もなかなかの役者ぶりといえましょう。

あたし、あの見知らぬ男の夢を見たの
だもんだから、ほんとに心のバランス崩しちゃった
紙巻タバコや、
アルコールやふさぎの虫（cafard《カファール》）のせいで、
毎晩、あのひとのことを思いだしては
ぼうっとなったわ。

（三木原浩史訳）

似た表現では、ほかに、複数形を使った「黒い蝶」（des papillons noirs）もあります。《voir des papillons noirs》（黒い蝶たちが見える）といえば、「気がふさぐ、気が滅入る」の意味です。ミシェル・エメール作詞作曲で、エディット・ピアフの十八番《おはこ》『擦切れたレコード』（*Le disque usé*）のなかに、こんな一節を見つけました。

黒い蝶たち（＝ふさぎの虫）を追い払うんだ　　Chassez les papillons noirs

「ゴキブリ」は単数形で、「黒い蝶」は複数形で、——ということになると、ゴキブリ一匹の威力はスゴイということになりますが、——どちらの表現の方が、耳にして、不愉快の度が少しは低くなるのでしょう？

追記

本稿執筆にあたっては、当時、パリ第一大学博士課程在学中だった青木夏子氏の口頭発表『フレエルと〈ベル・エポック〉の終焉』（「第十一回シャンソン研究会」、二〇〇八年五月二十三日、於 信州大学人文学部）に刺激を受け、参考にさせていただきました。ありがとうございます。

第四話　フランス国歌『ラ・マルセイエーズ』をめぐって

――シャンとシャンソン――

はじめに

『ラ・マルセイエーズ』という呼称に違和感を覚えたのは、いつのころだったでしょうか……、大学の教養部時代にフランス語を学びはじめて、すぐのころだったでしょうか……、それとも、フランス文学科に進んでからだったでしょうか……、定かな記憶はありません。それほど深い理由からでは、なかったせいだと思います。フランスの国歌なのに、国名「フランス」(France) とまったく無関係な、南フランスの一港町「マルセイユ」(Marseille) に由来する単語「マルセイエーズ」(Marseillaise) に女性定冠詞〈la〉を付しているのは、いったいなぜ?……、いや、そもそもなにも考えなければ、〈*La Marseillaise*〉とは、「マルセイユ市生まれの女性」のことですね。それは、「国歌」のタイトルとして、おかしい。かなりヘンだ。これは、いったい、どういうことだろう?……、単にその程度の疑問だったと思います。

単にその程度?……、いや、それは、単になどと、簡単に軽くいってすませられる問題ではないということに気づいたのは、もっと、ずっと後になってからでした。

実際、フランス国歌〈*La Marseillaise*〉は、いつだって音声表記のまま、「ラ・マルセイエーズ」と片仮名で紹介されるだけで、日本語にきちんと翻訳されたのを見たことがありません。一般に、翻訳されえない外国語など、ない。あれば、それはよほど特別なケースでしょう。まして、万国に紹介される国歌のタイトルが、翻訳不能であっていいはずがない、いや、あるはずがない……。素朴な疑問は、少しずつ膨らんでいきました。同学の数人に尋ねても、明快な返事はありませんでした。まあ、日頃、『ラ・マルセイエーズ』は『ラ・マルセイエーズ』だと、気にも留めていなかったから、ということかもしれませんが……。しかし、日頃、気にも留めていないということでは、フランス人にしても、どうも概《おおむ》ね同じようです。

フランスの国歌ですから、フランス文学専攻のものとしては、一応、歌詞と曲想は、早くから知っていました。とはいえ、早くから知っていたのは、歌詞一番だけで、それが、子供用の歌詞七番も含め、一番から七番まであるということを確認したのは、教員になり、教室で、学生さんたちにフランス国歌を紹介する機会を得てからのことでした。まあ、フランス人にしても、二番以降を知っているひとは、どれくらいいるでしょう。それほど歌う機会はないでしょうから、……インテリは、とくに。歌詞内容のあまりの血生臭《ちなまぐさ》さゆえに。加えて、この歌が、「だれ」を、あるいは「どこ」を、対象にしているかを知っている場合には、なおさらでしょう。そのことについては、いずれ触れるつもりです。

ラ・マルセイエーズの歌詞

まずは、『ラ・マルセイエーズ』の現在認知されている全歌詞を、わたしの訳でご紹介しておきましょう。と申しましても、手元の文献・資料の歌詞をいくつか並べてみますと、そこには、多少ですが、単語や改行や句読点の違いが見られます。『ラ・マルセイエーズ』が辿ってきた二百年余りの歴史と無関係ではないのですが、いまは深く考えず、そのなかのマルタン・ペネ編『シャンソンの記憶　中世から一九一九年までの千二百曲のシャンソン』〔オムニビュス社、パリ、二〇〇一年〕所収の歌詞に依拠したいと思います。元々の作詞・作曲は、クロード＝ジョゼフ・ルージェ・ドゥ・リール（Claude-Joseph Rouget de Lisle, 1760-1836）で、一七九二年のこと。当初のタイトルは、『ライン軍のための軍歌』（*Chant de Guerre pour l'Armée du Rhin*）でした。現在普及している歌詞と異なる部分もありますが、気にしないでおきましょう。なお、歌詞一番とルフラン部のみ、フランス語も添えておきましょう。

一、いざ立て、祖国の子らよ、
栄光の日は、いまぞ来た。
我らにはむかう暴政の、
血染めの旗がひるがえる。（繰り返し）
汝《なんじ》ら聞こえるか、田野に
轟く、あの狂暴な兵士たちの声が？
我らの身近に迫り
息子や妻を殺すのだ！

Allons enfants de la Patrie,
Le jour de gloire est arrivé;
Contre nous de la tyrannie,
L'étendard sanglant est levé.（bis）
Entendez-vous dans les campagnes
Mugir ces féroces soldats?
Ils viennent jusque dans vos bras
Égorger vos fils, vos compagnes!

武器をとれ、市民たち！　大隊を組め
進もう、進もう、
けがれた血を田畑に吸い込まそう。　（ルフラン）
Aux armes, citoyens! Formez vos bataillons,
Marchons, marchons,
Qu'un sang impur abreuve nos sillons.　(Refrain)

二、なにが望みだというのだ、この奴隷の一団は
裏切り者の、陰謀を企てた王どもの一団は？
だれのため、この卑劣な足枷《あしかせ》は、
ずっと前から用意されたこの鉄の枷は？　（繰り返し）
フランス人よ、我らのためなのだ、ああ！　なんという侮辱！
引き起こされるに違いない興奮は、いかほどか！
我らをなのだ、連中が企てているのは
古代の奴隷の身分に戻そうと！

三、なんだと！　あの外国の軍勢が
我らの故郷で、我が物顔に振舞うだろうだって！
なんだと！　あの傭兵からなる軍隊が
我が名うての戦士たちを打ちのめすだろうだって！　（繰り返し）
いやはや、両手を鎖で縛られ
我が頭を垂れて、屈服するだろうだって！
卑劣な暴君どもが、なるだろうだって
我らの運命の支配者に！

四、恐れ慄《おのの》くがいい、暴君たちよ、そしておまえたち裏切り者よ
あらゆる党派の恥辱よ！
恐れ慄くがいい、おまえたちが企てる反逆罪は
ついにはその報いを受けるだろう！　（繰り返し）
すべての者が、おまえたちと戦う兵士だ
我らが若き英雄たちが倒れても、

大地は、ふたたび英雄を産み出すのだ
おまえたちと戦う用意は万端だ！

五、フランス人よ、高邁《こうまい》なる戦士として
打撃を与えよ、あるいはまた思いとどまれ。
生かしておけ、あの痛ましい犠牲者たちを、
我らに対する武装を悔いているのだから。（繰り返し）
しかるに、この残忍な暴君の、
しかるに、ブイエ将軍の共謀者どもは、
これらすべての虎どもは、情け容赦なく、
己が母の胸を引き裂くのだ！……

六、神聖な祖国愛よ、
我らの懲罰の手を導き、支えよ。
自由よ、愛《いと》しき自由よ、
おまえの擁護者たちとともに戦え！（繰り返し）

我らの旗の下、勝利（の女神）が
おまえの雄々しい歌声を聞きつけ駆けつけんことを！
息もたえだえの敵どもが
おまえの勝利と我らの栄光を見んことを！

七、（子供のための歌詞）
ぼくたちの活躍するときが来るだろう
年長者たちが、もはやいなくなったときに。
ぼくたちはみいだすだろう、年長者たちの亡骸と
勇気の跡を！　（繰り返し）
年長者たちより長生きするよりも
その柩を共有することを熱望する、
ぼくたちは、崇高な誇りを抱くだろう
年長者たちの仇を討つか、あとを追うかの！
（三木原浩史訳）

ちなみに、歌詞五番に登場する人物ブイエは、一七九〇—九一年に、フランス東部のアル

ザス・ロレーヌ地方にあって、厳格に秩序を維持していた将軍で、フルネームは、フランソワ・クロード・アムール・ブイエ（François Claude Amour Bouillé, 1739-1800）といい、ラ・ファイエットの従兄です。ルイ十六世とマリー＝アントワネットのヴァレンヌへの逃亡を準備したかどで、革命派のひとびとの怒りを買ったといわれています。

なお、歌詞七番は、ルージェ・ドゥ・リールの作ではありません。一説に、アンドレ・ドゥ・シェニエ（André de Chénier, 1762-94）の作ともいわれていますが、確かではありません。

手元のCD

まずは、全曲とおして聴いてみたいのですが、通常、ルージェ・ドゥ・リールが作曲したとおりではなく、一八三〇年に、エクトル・ベルリオーズ（Hector Berlioz, 1803-69）が、独唱・二重合唱・オーケストラのために編曲したものが、演奏されるようです。手元のCDのなかでは、次の二枚がお薦めです。

(1) マルセル・ヴァノ（バリトン）、フランソワ・ル・ルー（バリトン）、フランソワーズ・ポレ（ソプラノ）、ティベール・ラファリ（テノール）、トゥールーズ市庁《カピトル》管弦楽団・合唱団、ミシェル・プラッソン指揮。歌詞一―七番の全曲収録。輸入盤〔EMI-CDC-7-49470-2〕。

(2) 『ミレイユ・マチューのラ・マルセイエーズ　フランス革命秘曲集』〔EMI-CEW-32-5792〕。ミレイユ・マチュー（ソプラノ）、フランス陸軍合唱隊、共和国衛兵隊《ギャルド・レピュブリケーヌ》管弦楽団、ロジェ・ブートリー指揮。歌詞一、五、六番のみ収録。国内盤。

どちらも、なかなか勇壮な演奏、歌い方です。これを聴いて、勇気を鼓舞されるか、げんなりするかは、個人の気質にかかっているでしょう。単純な歌詞ですから、誤解は生じないと思うのですが……、いいえ、そんなことはありません。

ラ・マルセイエーズ成立の動機

『ラ・マルセイエーズ』は、日本では時々誤解されているようですが、最初から王政・王党派に抗する革命歌として、作詞作曲された歌ではありません。確かに、フランス革命期に作られた歌に違いありませんが……。

そこでまずは、『ラ・マルセイエーズ』成立の直接の動機を知ることから始めましょう。それには、通常の歴史書以外に、いくつかのフランス語文献資料、オーストリアの作家シュテファン・ツヴァイク（Stefan Zweig, 1881-1942）の有名な短編小説『一と晩だけの天才』〔ツヴァイク全集第八巻『人類の星の時間』みすず書房所収、一九六二年〕、そして作曲家である吉田進氏の秀作『ラ・マルセイエーズ物語――国歌の成立と変容――』〔中公新書、一九九四年〕を、――この作品には、この曲について知りたいことは、ほぼ全部書かれていますが、――参考にしたいと思います。

フランス革命

本題に先立って、まずは「フランス革命」ですが、一七八九年七月十四日、凶作によるパンの値上がりに苦しむパリの民衆が、パリのバスティーユ牢獄を襲撃したことに端を発します。免税や年金が認められていた特権貴族に与《くみ》して、武力で国民議会を圧迫する「王」に怒りを向けた結果です。バスティーユ牢獄には、当時、多くの政治犯が収容されていましたから、民衆から見れば、この牢獄は、絶対王政・専制政治の、圧政の、――要するに、――象徴だったわけです、……と、多分、多くの解説書には、それに近いことが書かれているはずです。

確かに、パンの値上りに苦しむ民衆という表現は、簡潔にして要を得た説明ですが、話の都合上、民衆の飢えの原因について、簡単に触れておきましょう。

フランス絶対王政も末期、つまり、ルイ十六世の治世（一七七四―九二）には、国家財政は完全に破綻していました。多くの原因が考えられますが、対外的には、一七五六年から一七六三年にかけてのふたつの「七年戦争」と、一七七五年から一七八三年にかけての「アメリカ独立戦争」に加担したことによる多大の出費でしょう。フランスは、イギリスと事を構えて、独立側を支援していたからです。

七年戦争

いま述べた、一七五六年から一七六三年にかけてのふたつの「七年戦争」ですが、ひとつは、英仏間の植民地「七年戦争」（フレンチ・インディアン戦争）で、フランスは敗北し、インドとカナダの植民地を失います。いまひとつは、かつて、オーストリア継承戦争（一七四〇―四八）の際に、資源豊富なシュレジエン（シレジア）が、プロイセン王フリードリヒ二世によって奪取されるという経緯がありましたが、オーストリアのハプスブルク家マリア・テレジアは、その報復も兼ねて、そのシュレジエンを取り戻そうと、フランスと同盟を組み、ロシアとも結び、「七年戦争」（「第三次シレジア戦争」）を起こしました。結果は、フリードリヒ二世の勝利。マリア・テレジアの敗北。ということは、フランスも負け。この際の戦費もまた、フランスには非常に堪《こた》えました。

国内的にも、様々な要因が重なりました。一例を挙げれば、それまで行ってきた特定産業への保護政策が、国内市場の自由な発展と産業の成長を妨げるという、至極当たり前の現象を生み、経済恐慌をきたしたことです。

フランス人権宣言

こうした付けは、いつの場合も、非特権層の民衆にまわり、〈飢え〉ということばに集約されるわけです。この時期における、第一身分（聖職者）、第二身分（貴族）、第三身分（国民の九割以上を占める平民）の複雑な力関係や政治的な動きについては割愛しますが、一七八九年五月五日には「三部会」が召集され、第三身分は三部会を「国民会議」と名乗ります。そして、六月二十日には憲法制定まで解散しないことをテニスコートで誓い、七月九日には「憲法制定国民議会」と改称し、ついには七月十四日のバスティーユ牢獄襲撃に至ります。囚人たちは、さきほども述べましたように、多くは政治犯ですが、解放されました。議会は、封建制度の廃止を決め、ラ・ファイエットによって起草された「フランス人権宣言」、——自由平等・主権在民・私有財産の不可侵、——を採択します。

一七九一年憲法制定

しかし、王は認めませんでした。そこで民衆は、十月四—五日に、ヴェルサイユにいたルイ十六世及びその家族をパリに連行し、憲法制定を軌道にのせます。この時期の議会を先導したのは、ミラボーや、アメリカ独立革命に義勇軍として参加経験のあったラ・ファイエットなど、上層ブルジョワジーに属する立憲君主主義者たちで、地方自治や土地改革、ギルド制の廃止を押し進め、ついに、一七九一年九月三日には、制限選挙制にもとづく立憲君主制の憲法を制定しました。そして、翌十月には立法議会が成立します。

一七九一年、国王一家の国外逃亡失敗

ここでちょっと、その憲法成立から二ヵ月半ほどさかのぼりましょう。一七九一年六月二十日のことです。革命は激化する一方でした。身の危険を感じた王妃マリー＝アントワネットは、逡巡するルイ十六世を説き伏せ、王妃が親しかったスペイン貴族フェルセンの助力で、母国オーストリアへの逃亡をはかります。ブルジョワの身なりに変装し、お忍びとは思えない豪華な馬車で優雅にドイツ国境近くのヴァレンヌまで来ましたが、そこで、革命派市民に見抜かれ、捕縛され、パリに連れ戻されてしまいました。後世、これをヴァレンヌ事件と呼んでいます。

この逃亡未遂に、民衆は怒りました。国民のすべてが革命派の味方だったわけではなく、心情的に王党派も、——というか、革命派の激烈なやり方には同調できないという民衆も、——たくさんいたのですが、ただ、こんな革命期の混乱のさなか、自分たちの王が、まさに自分たちを見捨てて国外逃亡を謀《はか》ろうとしたのですから、——いってみれば、〈あなたは、わたしたちの王ではないのですか？……〉ということでしょう、——民心は、一挙に王を離れました。

ピルニッツ宣言の余波

一方、国王一家のフランス脱出失敗を知ったハプスブルク家にも、別な意味で衝撃が走りました。妹マリー＝アントワネットの身を案じた兄で神聖ローマ皇帝レオポルト二世は、——それ以上に、母マリア・テレジアの心配は、筆舌に尽くしがたかったでしょうけど、——革命が自国に及ぶことを良しとしないプロイセン王フリードリヒ・ヴィルヘルム二世と組み、革命に干渉する用意がある旨を宣言します（ピルニッツ宣言）。一七九一年八月二十七日のことです。

宣言自体は、単なる威嚇《いかく》程度のつもりだったようですが、予想外の大きな反作用を起こし、フランスでの対外危機を一挙に高めることになってしまいました。そして、先ほど述べました、同年十月に成立した立法議会で、立憲君主主義者フイヤン派に対抗する、共和主義のジロンド派が台頭してきます。

オーストリアへの宣戦布告

ジロンド派の地盤は、中産階級の商工業ブルジョワジーです。国内外の反革命派を封じる最善の方策は、国民の目を敵国に向けさせること。一七九二年四月二十日、ついに、フランス立法議会は、ルイ十六世の提案に基づき、オーストリアに宣戦布告します。ライン川をはさんで、オーストリア＝プロイセンとフランスの間に緊張が高まります。

ちなみに、王の宣戦布告の真意は、外国勢力によってフランスを敗戦に導き、元の専制主義に戻そうとせんがための最後の賭けでした。フランスが勝利しては困るのです。ロベスピエールらごく少数が、王の欺瞞《ぎまん》を見抜いていたようですが、この時点では阻止することはできませんでした。

ライン川をはさんでの危機

パリからストラスブールへ、伝令使が飛びます。リュクネール元帥のもとに着いたのが、四月二十四日深夜でした。翌二十五日、ストラスブール市長フィリップ＝フレデリック・ドゥ・ディートリヒは、市内各所の広場で、宣戦布告の文書を読み上げます。フランス語とドイツ語の双方で。アルザス人の母語アルザス語が、ドイツ語の一地方語だったからです。また、ストラスブールは、不幸な歴史のなかで、フランス領であったり、ドイツ領であったりしましたが、それは、とりもなおさず、フランスとドイツが開戦するとき、その最初の火蓋《ひぶた》が切っておとされるのは、必ずやストラスブールであることを意味します。「ストラスブール市民」＝「アルザス人」たちは、そのことをよく知っていました。またもや、家族が血を流し、蹂躙《じゅうりん》され、建物が破壊され、田畑が荒らされ、収穫物が略奪されるのか……。

それは、国境から遠いパリのひとたちが抽象的に捉える危機感とはまったく異次元の、生々しい現実そのものでした。川向こうには、対峙するプロイセンの連隊が目の当たりです。風向き次第で、砲兵隊の車や武器の音、兵士たちの声までもが聞こえてくる至近距離です。

ルージェ・ドゥ・リール

ストラスブール市長ディートリヒは、――この鉱物学者で、鉄鋼王で、ジャコバン派の政治クラブ支部を主宰する立憲君主派の男爵は、――急遽、軍隊の士気を高めるための壮行会を開きます。その場にいた工兵将校ルージェ・ドゥ・リールに、――すでに既知で、詩と音楽の心得があることが分かっていたので、――出征するライン軍を鼓舞するための勇ましい軍歌を依頼しました。ただし、『サ・イラ』(*Ça ira*) のような下劣な内容でない、品のよい歌詞を、と。

委細《いさい》省けば、その夜、自宅に帰ったルージェ・ドゥ・リールは、憑《つ》かれたようになって、一夜のうちに、作詞作曲しました。シュテファン・ツヴァイクが、『人類の星の時間』所収の一篇で、『一と晩だけの天才』として描いた所以《ゆえん》です。ルージェ・ドゥ・リール自らつけた曲名は、『ライン軍のための軍歌』(*Chant de Guerre pour l'Armée du Rhin*) で、後の『ラ・マルセイエーズ』とは似ても似つかぬタイトルでした。

ここで留意しておきたいのは、ただ一点、この曲が「シャンソン」(Chanson) ではなく、

「シャン」(Chant)であるということです。「軍歌」は、「シャン」なんですね、一般には。

翌朝、ルージェ・ドゥ・リールは、まず、友人マスクレ中尉を訪ね、絶賛を受けると、ふたりですぐに市長の家に直行し、庭にいたディートリヒに手書きの歌詞と楽譜を手渡します。音楽の心得のあった市長夫人ルイーズがすぐさま伴奏譜を引き受け、その日の夜のうちに、市長宅の居間に偶然来合わせていたひとたちの前で、初演されました。歌ったのは、なんと、ストラスブール市長ディートリヒ、テノールで。伴奏は、クラブサンを市長夫人ルイーズが、ヴァイオリンをルージェ・ドゥ・リール自身が奏でました。

手書きだったその楽譜は、翌二十七日、市長ディートリヒに命じられた市役所付きの印刷工が印刷し、出版しました。そのときの曲名には、『ライン軍のための軍歌』に、〈リュクネール元帥に捧げる(dédié au Maréchal de Luckner)〉が添えられていました。また、市長夫人のルイーズは楽譜を器楽用に編曲し、筆写し、兄弟に送ったり、軍隊に配布したりしました。もちろん、ルージェ・ドゥ・リール自身も各地に郵送するのに貢献。新聞にも掲載されました。街の壁や塀にも貼りだされたことでしょう。そして、最も効果的だったのは、なんらかの方法でこの楽譜を入手した行商人や出張販売員たちが、各地を移動しながら広め、はるばる南フランスにまでも、その楽譜を運んで行ったということです。なんという数奇な運命でしょう!

ストラスブール市長ディートリヒ邸で初めて『ラ・マルセイエーズ』を歌う
ルージュ・ドゥ・リール
（イジドール・ピルス画、1849年作、ただし想像図。史実では歌ったのはディートリヒ）
〔ストラスブール歴史博物館蔵〕

一七九二年六月二十二日、マルセイユでの志願兵壮行会のさなか、この楽譜を手にしたモンプリエ大学の一医学生（エティエンヌ＝フランソワ・ミルール）が、突然立ち上がり、右腕を振り上げて、この楽譜どおりに歌いはじめました。この曲の歌詞とリズムは、一瞬にして、志願兵の若者たちの心を捉え、一座は大合唱、このとき以後、マルセイユ全連隊の行進曲になりました。

マルセイユの歌

一七九二年七月、いよいよプロイセン軍侵入の危機。同月十一日に立法議会は《祖国は危機にあり》(La patrie est en danger.) の宣言をします。全国から、志願兵がパリに参集しはじめます。マルセイユからは、七月二日に出発。パリに向かう道中、志願兵たちはこの歌を歌いつづけますが、七月三十日、パリに到着するやいなや、あっという間にパリ中に知れわたります。それが、当時のパリッ子たちの目には、マルセイユ人たちがこぞって歌っているがゆえに、『マルセイユ人たちの歌』(*Le Chant des Marseillais*)、あるいは『マルセイユ人たちの讃歌』(*L'Hymne des Marseillais*) と映ったようです。そして、早くもその数日後には、――シャンソン研究者マルク・ロビーヌの言葉を借りれば、――もっとくだけた親しみやすい表現で (plus familièrement)、『ラ・マルセイエーズ』(*La Marseillaise*)、――つまりは、「マルセイユの歌」と呼ばれるようになりました。

そうです、『ラ・マルセイエーズ』とは、「マルセイユの歌」を意味します。マルセイユ市生まれの女性のことでは、ありません。〈Chant〉《シャン》(歌・歌曲) や〈Hymne〉《イムヌ》(讃歌) が、パリの民衆に広まる段階で〈Chanson〉《シャンソン》(歌・歌謡) に置き換わり、――なんといっても、フラン

Roland Sabatier: *Premier Livre des Chansons de France*
(Gallimard Jeunesse)

ス人が「歌」といってまず思い浮かべるのは、「シャンソン」という単語ですから、――「ラ・シャンソン・マルセイエーズ」(La Chanson Marseillaise) という段階を、多分、頭のなかだけで経て、その〈Chanson《シャンソン》〉(歌)という言葉すらが省略され、ついにはもっとくだけた親しみやすい表現の『ラ・マルセイエーズ』(*La Marseillaise*) になったのでしょう。

ただ、時折、「マルセイユ軍」(L'Armée Marseillaise) の「軍」(Armée) が省略された形だ、という日本語の説明を見かけますが、違います。

曲名の『ライン軍のための軍歌』→『マルセイユ人たちの(讃)歌』→『マルセイユの歌』という変化で気づくのは、まず軍・軍歌ということばが消え、次に他者(パリッ子)の客観的な見方が加わり、最後に広範に認知される不可欠な条件として、親しみやすく簡潔な呼称へと変容していったということです。後世のわたしたちは、その過程を目《ま》の当《あ》たりにするようで、じつに興味深いです。

しかし、それでも、軍歌たるもの、――クラシックの歌もそうですが、――「シャンソン」(Chanson) ではなく、「シャン」(Chant) でなくては？……、いや、国歌ともなれば、特別に「イムヌ」(Hymne) でなくては？……、あくまで、そうお思いの方もいらっしゃるでしょう。

シャンとシャンソン

確かに、ある面、そのとおりです。教会のグレゴリオ聖歌に端を発する旋律堅固なクラシック系の声楽は「シャン」ですし、一般の世俗歌謡は「シャンソン」で、「シャン」と「シャンソン」は区別されています、――もっとも、「シャン」のうちでも、ジュール・マスネ (一八四二―一九一二)、ガブリエル・フォレ (一八四五―一九二四)、アンリ・デュパルク (一八四八―一九三三)、エルネスト・ショーソン (一八五五―九九)、クロード・ドゥビュッシー (一八六二―一九一八)、レイナルド・アーン (一八七四―一九四七)、モーリス・ラヴェル (一八七五―一九三七) ……とか、そういった作曲家の十九世紀近代歌曲には、特別に「メロディ」（Mélodie）という呼称を与えていますが、――。そして、国歌は、本来、「シャン」の範疇で、特別に「イムヌ・ナスィヨナル」（Hymne national）と呼びます。

でもこれは、たとえば音楽学の立場から見たとでもいいましょうか、厳密な区別・仕分けで、一般のフランス人たちにとっては、先ほども申しましたように、――知識人も含めて、――日常的に、「歌」はみな「シャンソン」です。高尚な「シャンソン」も平俗な「シャンソン」も、みなひっくるめて、まずは「シャンソン」と捉え、その次の段階で音楽学的な分類をすれば、「シャン」と「シャンソン」にジャンル分けできるというだけのことだと思います。

ですから、フランス人にとって、国歌としての「マルセイユの歌」であっても、その表現は、Le Chant Marseillais（ル・シャン・マルセイエ）⇒ Le Marseillais（ル・マルセイエ）と簡略化されるよりも、La Chanson Marseillaise（ラ・シャンソン・マルセイエーズ）⇒ La Marseillaise（ラ・マルセイエーズ）の流れのほうが、自然に受け入れやすいのでしょう。このことについては、インテリのフランス人たちの意見も同様のようです。歌は、まず「シャンソン」だ、と。

ベルギー国歌

じつは、これと似たようなケースがあります。ベルギー国歌の呼称『ラ・ブラバンソンヌ』(*La Brabançonne*)です。「ブラバント」(Brabant)はブリュッセルを含むベルギー中部地方の名称ですが、その形容詞が「ブラバンソン／ブラバンソンヌ」(brabançon / brabançonne)で、そのまま名詞化して「ブラバント人」の意味にもなります。前者が男性形、後者が女性形です。

ですから、『ラ・ブラバンソンヌ』とは、そのままですと「ブラバント地方生まれの女性」の意味ですね。実際、ブリュッセルには、ブラバンソンヌの女性像が建っています。それはそうですが、「ブラバント地方生まれの女性」というタイトルの国歌はやはりおかしいですから、これも、『ラ・マルセイエーズ』にならって、「ラ・シャンソン・ブラバンソンヌ」(*La Chanson Brabançonne*)、――つまりは、「ブラバントの歌」、――ということだと思います。

なお、ベルギーは、大雑把にいえば、国土の南半分を占める、主にフランス側のワロン地域と、国土の北半分を占める、主にオランダ側の、――ただし、ブリュッセル首都圏は除きますが、――フランデレン（フラマン）地域とに分かれていて、フランス語、オランダ語、及び、少数使用者ですがドイツ語の三言語を公用語としています。ですから、国歌も、フランス語、オランダ語、ドイツ語の三つの言語版が存在します。

一八三〇年八月に、ベルギー独立運動がおこりました。対オランダ革命戦争といってもいいでしょう。そして、同年十月に独立宣言、翌一八三一年にベルギー王国が成立しました。この歴史的事件に際して、一八三〇年八月二十七日に、フランソワ・ファン・カンペンハウト（François van Campenhout）によって、後に国歌になる軍歌『ラ・ブラバンソンヌ』の第一稿が作曲されました。作詞は、モネ劇場の役者だったルイ＝アレクサンドル・ドゥシェ（Louis-Alexandre Dechet）ですが、九月十二日には第二稿、九月二十七日には第三稿と、矢継ぎ早にヴァリアントが生まれました。さらに、三十年後の一八六〇年には、またもや、シャルル・ロジエ（Charles Rogier）によって、国民のコンセンサスの得やすい形に書き換えられ、その歌詞が今日に至っています。四番までありますが、最後の四番が公式な国歌として認められています。ご紹介しておきましょう。

おお　ベルギー、おお　愛しき母よ、
あなたに　私たちの心を、あなたに　私たちの腕を、
あなたに　私たちの血を捧げよう、おお、祖国よ！
私たちはみな誓うのだ、あなたが生きつづけんことを！
偉大で美しいあなたが、とこしえに永らえんことを
そして不屈の統一は
不滅の標語を獲得するだろう：
王、法、自由！
王、法、自由！
王、法、自由！

（三木原浩史訳）

Ô Beigique, ô mère chérie,
À toi nos cœurs, à toi nos bras,
À toi notre sang, ô Patrie!
Nous le jurons tous, tu vivras!
Tu vivras toujours grande et belle
Et ton invincible unité

Aura pour devise immortelle :
Le Roi, la Loi, la Liberté!
Le Roi, la Loi, la Liberté!
Le Roi, la Loi, la Liberté!

『ラ・マルセイエーズ』同様、かなり血なまぐさい歌詞ですね。

ところで、びっくりするようなお話があります。元同僚でベルギー研究の第一人者岩本和子氏によれば、――《現在、ベルギー人で、国歌を知っているひとはあまりいません。オランダ語系・中道右派カトリック系「民主キリスト教フランデレン党」党首のイヴ・ルテルム(Yves Leterme)、が、以前、「ベルギー国歌を歌えますか」と、突然、テレビリポーターにマイクを突きつけられたとき、「もちろん」といって、『ラ・マルセイエーズ』を歌いだしたというのは有名な話で、全世界に映像も配信されました。サッカーのナショナルチームが、どの言語でどのように歌っているのかは、いまだに解決できない謎です。多分、各々勝手に、というのがベルギー人の答えですが……》、――とのことです。多言語国家の複雑さ、怪奇さ、そして折り合いのつけ方の一例を見たような気がします。

平和のマルセイエーズ

『ラ・マルセイエーズ』は、巷間《こうかん》に知られるようになったごく初期のころから、たくさんの替え歌が作られたようです。そのなかからひとつ、素晴らしい作品、――題して『平和のマルセイエーズ』(*La Marseillaise de la paix*)、――をご紹介しましょう。百年以上も前に作られました。作詞者は不詳です。本来の歌詞は、五番まであります。シャンソン研究会の友人、戸板律子氏提供の資料によれば、最初に歌われたのは、孤児のための寄宿学校だったそうです。指揮したのは、その学校長ポール・ロバン(Paul Robin, 1837-1912)。とすれば、ずいぶん自由主義的な気風をもった教育者だった、ということになります。

ただし、ここでは、現代の歌手グループ、シャンソン・プリュス・ビフリュオレ(Chanson Plus Bifluorée)が、歌詞を省略し、さらに再構成して歌っているものを、ご紹介しましょう。この歌手グループの大ファン、戸板律子氏訳で。もちろん、元歌『ラ・マルセイエーズ』の節にのせて歌っています。

万人が共にする祖国の
夢みた日が訪れよう
平和を、尊き平和を讃え
救いの若枝が掲げられる　（繰り返し）
国境に聞こえるのは
人々が手をあげて叫ぶ声
「もはや兵士などいない！
ひとつになろう、我々は兄弟だ」

もう武器などいらない
市民よ！　部隊を解散せよ！
歌え、歌おう
平和が我らの野を
実り豊かにしてくれるように！　（ルフラン）

立ち上がれ、平和の軍団よ

村の民、町の民よ
いまや恐れるな、扉を開け
自由の実りなる宝物のために　（繰り返し）
あまりにも長い苦しみと
憎しみと流血の幾世紀
人類よ、我々が望んだその時に
我々の解放を告げる鐘が鳴り響くのだ

（戸板律子訳）

なんだか猛烈に、このシャンソン・プリュス・ビフリュオレ版『平和のマルセイエーズ』を、「フランス国歌」にしては？……、と進言したくなります。

国歌としての認知時期と憲法上の明記時期

再び、革命期のフランスです。一七九二年八月十日、マルセイユ連盟兵、ブルターニュ連盟兵、サン・キュロットたち（共和主義的なプチ・ブル）が一斉蜂起し、テュイルリー宮殿を襲撃・占拠し、ルイ十六世は、タンブル塔に幽閉されてしまいます。王権の停止ですね。

同年九月二十日には立法議会が解散され、翌二十一日に普通選挙による国民公会が召集され、「共和制」宣言がなされ、「第一共和政」が成立します。

一七九三年一月二十一日に、ルイ十六世が処刑され、同年十月十六日には、マリー＝アントワネットが断頭台の露と消えます。いわゆる、ロベスピエールを中心とするジャコバン党の恐怖政治によるものですね。

そんな歴史的事件を経て、一七九五年七月十四日には、『ライン軍のための軍歌』の歌詞に多少変更を加えた『ラ・マルセイエーズ』が、議会によって「国歌」と制定されました。

以後、今日に至るまで、二百年以上もフランス国歌として認知されてきましたが、実際には、十九世紀の王政復古時など、そのときの政治情勢に応じて、しばしば禁止されたこともあります。

憲法上に「国歌」と明記されたのは、じつは、かなり近年のことで、第二次世界大戦後の第四共和政下、一九四六年十月二十七日発布の憲法第二条三項、――《国歌は『ラ・マルセイエーズ』である》、――によります。そして、この条項は、一九五八年十月五日発足の第五共和政下の新憲法にあってもそのまま引き継がれました。

ラ・マルセイエーズのエピソード

一九九二年の二月八日から二月二十三日にかけて、フランスのサヴォワ地方アルベールヴィルで開催された、冬季オリンピック開会式でのことです。演出は、奇才フィリップ・ドゥクーレ。釣鐘型に膨らんだ赤いスカートをはいた十歳の少女セヴリーヌを乗せた台が、会場の上方へ高々と釣り上げられていきます。平和を象徴する白い鳩が空中に放たれた直後、なんの伴奏もなしに、可愛いひとりの少女の歌う『ラ・マルセイエーズ』が、愛国的とはいえ、内容からいえば、隣国ドイツを敵とみなす残酷な歌詞が、観衆の沈黙のなか、美しく流れました。それは、会場周辺の凍てつくような冷気にもまして、あるひとたちの心を震《しん》撼《かん》させました。平和の式典というのに、全世界に放映されているというのに（当時、わたしも見ました）、そして、欧州連合発足を一年後に控えているというのに……。

かつてはともかく、いま現代に『ラ・マルセイエーズ』の歌詞が、国歌としてふさわしいかどうか、国を二分しての議論が沸騰したのは、当然でしょう。フランスの平衡感覚の健全さを示すものでした。

ダニエル・ミッテラン大統領夫人を中心に、第五共和政下の憲法第二条第三項に定められた国歌の歌詞を、変更しようとの動きが活発になりました。奇《く》しくも一九九二年はこの曲が作曲されてちょうど二百年目にあたります。ただし、歌詞の変更には憲法の改定が必要です。ちなみに、アルベールヴィルでの冬季オリンピック開催中の《二月十八日から二十日にかけて『巡礼者マガジン』が行ったアンケート調査によると、フランス人の四十パーセントが、国歌の歌詞を好戦的に過ぎるとしながら、改変には七五パーセントのひとが反対している》という結果がでたそうです〔吉田進著『ラ・マルセイエーズ物語――国歌の成立と変容』中公新書、二二七頁、一九九四年〕。そういう事情もあったのでしょう、歌詞はそのままで現在に至っています。インテリほど歌詞変更に賛成者が多いと聞きましたが、納得できます。

それにしても、大統領夫人自ら提唱し、国歌について真剣に自由に考えようとしたことは、自由・平等・友愛の国での貴重な試行でした。

蛇足ですが、フランスには入学式がありません。従って、入学式で〈国歌を歌う・歌わない〉の議論は、起こりようがないそうです。『ラ・マルセイエーズ』についてのアンケートに見たように、国歌といえども、各人各様に思いはあるでしょうから、強制されないに越したことはありません。いえ、強制される状況を作らないほうがいい、といったほうが適切でしょうか。

おわりに

映画『カサブランカ』（一九四二年）のなかの一場面。元反ナチ抵抗主義者リックが経営するカフェ・アメリカンで、ドイツ将校たちが、突然『ラインの守り』を歌いはじめます。それを見た、反ナチ抵抗指導者ラズロは、カフェの楽団の前に進みでると、「『ラ・マルセイエーズ』を！」、と指示します。店の従業員たち、——楽団員、女給、バーテン、ボーイ、——そして、客のすべてが総立ちになり、『ラ・マルセイエーズ』を歌い、『ラインの守り』を圧倒してしまいます。ヨーロッパ中世以来の伝統である「歌合戦」の系譜に繋《つな》がる名場面です。

ちなみに、『ラインの守り』（*Die Wacht am Rhein*）は、マックス・シュネッケンブルガー作詞（一八四〇年）、カール・ヴィルヘルム作曲（一八五四年）の作品です。歌詞一番のみをご紹介しておきましょう。

ざわめく叫び声、遠くの雷鳴のように／剣の金属音や、打ち寄せる波のように／ラインへ、ラインへ、ドイツのラインへ／大河の番人はだれだというのだ？／愛しい祖国よ、落ち着くがいい／愛しい祖国よ、落ち着くがいい／ラインの守りは／忠実で揺らぐことがない！／ラインの守りは、忠実で揺らぐことがない！

（三木原浩史訳）

そのほか、『ラ・マルセイエーズ』の旋律を、一部利用した曲もあります。ふたつほど挙げておきましょう。

ロベルト・シューマン作曲、ハイネ作詩の歌曲『ふたりの擲弾兵《てきだんへい》』がそうです。モスクワ遠征に失敗し敗走するナポレオン軍に属していて、いまはやむなく祖国に戻るが、いつの日かまたナポレオン皇帝陛下のもとで、フランスの栄光を取り戻そうと誓う、ふたりの擲弾兵の心境を詠んだものです。『ラ・マルセイエーズ』が伴奏として聞こえてくるのは、この場面です。

チャイコフスキー作曲の勇壮な『大序曲一八一二年』もそうです。これは、『ふたりの擲弾兵』の立ち位置とはまったく逆に、ロシア側から見た作品で、次第に弱くなっていく『ラ・マルセイエーズ』にひきかえ、『ロシア正教会聖歌』が強奏されていくことで、敗走するナポレオンを表象しています。

ことあるごとに、歌われる『ラ・マルセイエーズ』ですが、最近では、二〇一五年一月七日に新聞社シャルリー・エブドを襲ったテロ、同年十一月十三日の同時多発テロの後のテロ反対デモの最中に、『ラ・マルセイエーズ』は、自然発生的に、大合唱されました。フランスの国でのことです。フランス人の示威行為を、とやかくいうつもりはありません。それでも、パリの悲劇の以前に、フランスによるシリア空爆で、――イスラム過激派「イスラム国」撃退がその名目でしたが、――シリアでは遥かに多くの非戦闘員・子供婦女子が死んだという事実は、書き添えておかねばならないでしょう。

最後にひとこと申し上げておきたいと思います。このフランス国歌『ラ・マルセイエーズ』が、いかにフランス人の勇気を鼓舞することがあろうとも、もとはといえば、プロイセン（ドイツ）の脅威に対抗するための軍歌だったという、その歴史的事実です。

ああ、哀しいかな！　このアナクロニズム！……

付記

＊『小澤征爾 conducts 世界の国歌』〔PHCP-11033-4〕。小澤征爾指揮・新日本フィルハーモニー交響楽団。オーケストラ演奏のみ。国内盤。フランス国歌はもちろん、ベルギー国歌の演奏も収録されている。

第五話　アンドレ・ジュベールの『ぼくのブロンド女性のそばで』

――金髪女、それとも金髪娘？――

はじめに

それでは、これから、フランスの伝承歌謡（la chanson traditionnelle）のひとつ、『ぼくのブロンド女性のそばで』（*Auprès de ma blonde*《オプレ・ドゥ・マ・ブロンド》）のお話をすることにいたしましょう。タイトルの訳語からして一筋縄ではいかないところがあるのですが、――《ma blonde《マ・ブロンド》》は「ブロンド女性」でいいのか、「ブロンド娘」ではないのかとか、「～のそばで」（Auprès de《オプレ・ドゥ》 ～）は、そばにいる女性の年齢や、未婚か既婚かで、どれほど内実が変わるのかとか、――です。

歌詞については、数多《あまた》あるヴァリアントのなかで、現在、もっともふつうに流布していると思われるもの、――シモーヌ・シャルパントロが編んだ『シャンソン・フランセーズ名歌選集』〔Simonne Charpentreau : *Le livre d'or de la chanson française*, Les Editions Ouvrières, Paris, 1971.〕所収のもの、――を、以下にご紹介することに致します。ＣＤも各種でています。子供向き、大人向き、いろいろですが、マルク・ロビーヌ（Marc Robine）が中心になって企画し、一九九二年から九四年にかけて録音した貴重な『シャンソン・フランセーズ選集』所収の音源が、古風な響きと歌声を聞かせてくれます。作詞された当時の歌い方をできるだけ再現しようとしたからでしょう。フランスのヴァンデ地方に、少なくとも十六世紀ごろから伝わっていた曲（節）に、十七世紀の末ごろ、アンドレ・ジュベール（André Joubert）が作詞したといわれています。

【歌詞対訳】

一、あたしの父の庭には、 ｝（繰り返し 以下同じ） Dans les jardins d'mon père, ｝ (*bis*)
リラの花が咲いてるわ　Les lilas sont fleuris
世界中の鳥という鳥が　Tous les oiseaux du monde
やってきては巣を作るの。　Viennent y faire leurs nids.

ぼくのブロンド女性のそばで、　Auprès de ma blonde,
なんていい気持ち、いい気持ち、いい気持ち、　Qu'il fait bon, fait bon, fait bon,
ぼくのブロンド女性のそばで、　Auprès de ma blonde,
なんていい気持ち、眠るのは。（ルフラン）　Qu'il fait bon dormir. (Refrain)

二、世界中の鳥という鳥が
やってきては巣を作るの
ウズラもキジバトも
きれいなイワシャコもよ

三、ウズラもキジバトも
きれいなイワシャコもよ
そしてあたしの可愛いハトは
昼も夜も歌っている。

四、そしてあたしの可愛いハトは
昼も夜も歌っている
娘たちのために歌っているのよ
夫のいない。

五、娘たちのために歌っているのよ
夫のいない

Tous les oiseaux du monde
Viennent y faire leurs nids　(*bis*)
La caill', la tourterelle
Et la jolie perdrix.

La caill', la tourterelle
Et la jolie perdrix　(*bis*)
Et ma jolie colombe
Qui chante jour et nuit.

Et ma jolie colombe
Qui chante jour et nuit　(*bis*)
Qui chante pour les filles
Qui n'ont pas de mari.

Qui chante pour les filles
Qui n'ont pas de mari　(*bis*)

あたしのためには歌わないの
だってあたしには優しい夫がいるんだもの。

六、あたしのためには歌わないの
だってあたしには優しい夫がいるんだもの。

「いってごらん、美しいひと
あなたの夫はどこにいるの？」

七、「いってごらん、美しいひと
あなたの夫はどこにいるの？」

「夫はいるわ、オランダに
オランダ人に捕まったの」

八、「夫はいるわ、オランダに
オランダ人に捕まったの」

「なにをあげるの、美しいひと、
あなたの夫をとりもどすのに？」

Pour moi ne chante guère
Car j'en ai un joli.

Pour moi ne chante guère
Car j'en ai un joli. } (*bis*)

— Dites-nous donc la belle,
Où est votre mari?

— Dites-nous donc la belle,
Où est votre mari? } (*bis*)

— Il est dans la Hollande
Les Hollandais l'ont pris.

— Il est dans la Hollande
Les Hollandais l'ont pris. } (*bis*)

— Que donneriez-vous belle,
Pour avoir votr' mari?

九、「なにをあげるの、美しいひと、
あなたの夫をとりもどすのに？」
「あたし、あげるわよ、ヴェルサイユも
パリも、それからサン・ドゥニも」

十、「あたし、あげるわよ、ヴェルサイユも
パリも、それからサン・ドゥニも
ノートル・ダム大聖堂の鐘楼も
あたしの故郷の鐘楼もよ。

十一、ノートル・ダム大聖堂の鐘楼も
あたしの故郷の鐘楼もよ」
そしてあたしの可愛いハトは
昼も夜も歌っている。

— Que donneriez-vous belle,
Pour avoir votr' mari? (*bis*)
— Je donnerais Versailles
Paris et Saint-Denis.

— Je donnerais Versailles
Paris et Saint-Denis (*bis*)
Les tours de Notre-Dame
Et l'clocher d'mon pays.

Les tours de Notre-Dame
Et l'clocher d'mon pays. (*bis*)
Et ma jolie colombe
Qui chante jour et nuit.

Chansons d'hier et d'aujourd'hui
(Gallimard Jeunesse)

一見、一聴しただけで、この歌詞の構成の矛盾にお気づきになるでしょう。なぜなら、前半部分の歌詞一番から五番までは、春が来て、お父さんの庭には花が咲き、鳥が来てさえずる、いってみれば、〈あたしの父の庭〉をテーマにした幸せな「楽園風景」ですが、後半部歌詞六番から十番までは、気分としてはまるで正反対、オランダの捕虜になった〈遠くにいる夫を案じる妻〉がテーマの「悲歌」なのですから。

この矛盾した前半部と後半部をかろうじて結ぶのが、歌詞四番と五番の《……夫のいない》です。前半部では、娘の〈未婚〉を明示するこの一句が、後半部では、夫の出陣で銃後に残された妻、いやそれ以上に、いわば戦争未亡人を暗示せんばかりの役割を果たしています。

また、歌詞四番と歌詞十一番で、《あたしの可愛いハトは／昼も夜も歌っている》のは、前半部では、優しい夫のいる「あたし」のためでなく、恋人のいない「娘たち」を励ますためですが、後半部では、夫を捕虜に取られた妻である「あたし」を慰めるため、というように、「ハト」がメッセージを伝える対象が、まったく異なっています。

それゆえ、ふつうは一貫して陽気に歌われる「ルフラン」、――《ぼくのブロンド女性のそばで／なんていい気持ち、いい気持ち、いい気持ち／ぼくのブロンド女性のそばで／なんていい気持ち、眠るのは》、――も、前半部分の「楽園礼賛」のエールから、一転、後半部分では、幸福だった過去を回顧するエコーとして聴衆に届けられてくるでしょう。

これは、ふたつの全く異質な詩世界、――歌世界、――の並存ですが、構成としては極めて奇妙、なんとも不思議です。この不思議の謎を、明らかにしたいと思います。

オランダの囚人

このシャンソンが、初めて印刷で公刊されたのは、珍しくはっきりしていて、一七〇五年のことです。ただ、出版時のタイトルは、『オランダの囚人』(*Le prisonnier de Hollande*)でした。アンドレ・ジュベール（André Joubert）なる人物が、ヴァンデ地方に十六世紀ごろから伝わっていた古いメロディに作詞したものであることは、すでに申しました。いってみれば、昔の名曲の替え歌ですね。ちなみに、原旋律があって、あとから歌詞をつける、こうした作歌法を「タンブル」（timbre）といいます。この時代、というか、十九世紀に入っても、多くの民衆歌謡は、この形式でした。作曲者不詳が多いのは、そのためです。

さて、シャンソン『オランダの囚人』は、そのタイトルが示すように、「オランダ戦争」（一六七二―七八）、及び、それに先立つ「フランドル戦争」（一六六七―六八）を背景にしています。そこで、まず、その「フランドル戦争」を概観しておきましょう。

フランドル戦争

一六六五年に、スペインのフェリペ四世が亡くなります。幼少のカルロス二世が後を継ぎますが、そこに、フランス王ルイ十四世が横槍を入れます。自分の妃はフェリペ四世の最初の結婚の子だが、カルロス二世は二度目の結婚の子だ、ゆえに妃にスペイン領ネーデルラントに関する相続権があるはずだ、と主張したのです。そして、一六六七年五月にその地に侵攻し（フランドル戦争）、フランドルとフランシュ＝コンテを占領しました。

脅威を感じたオランダは、イギリス、スウェーデンと三国同盟を結び、フランスにスペインとの和約を強要します。仕方なくフランスは、一六六八年五月にアーヘン（エクス・ラ・シャペル）で和約を結びます。その結果、フランスは、フランドルにおける十二の軍事的重要地点を得たかわりに、フランシュ＝コンテを手放す羽目になりました。

歴史はこれでは留まりません。フランスとオランダは、従来から、重商主義政策で競い合い、利潤で鎬《しのぎ》を削っていましたが、このフランドル戦争で、ついに露骨に対立するようになりました。

オランダ戦争

一六七二年、予《あらかじ》め、イギリスと同盟を結んだルイ十四世は、同年四月にオランダに宣戦布告、オランダ戦争の勃発ですね。そして、五月にはオランダに侵攻します。その兵十二万。

一方、フランスとの密約に従い、チャールズ二世はオランダとの海上戦に突入します。第三次イギリス・オランダ戦争です（一六七二―七四）。首都アムステルダム陥落間近と思われた一六七二年七月、オランダで政変が勃発します。オラニエ公ウィレム（オレンジ公ウィリアム）が共和国長官につき、直ちにスペイン、神聖ローマ帝国と同盟を結び、劣勢を挽回するにいたります。

それを見たイギリスは、フランスとの同盟に益なしと判断して、オランダと単独講和を結びます。結果、フランスは孤立させられました。戦場は、オランダからスペイン領ネーデルラントへと後退し、そしてついに一六七八年八月から、ナイメーヘン（ニメーグ）で、順次、オランダ、スペイン、神聖ローマ帝国と講和条約を結ばざるを得なくなります。この条約でフランスが失ったものは、一六六七年に、対オランダに設定した高率関税。得たものは、フランドル諸都市。取り戻したものは、フランドル戦争で手放したフランシュ＝コンテです。

そんなオランダ戦争のさなか、一六七四年、ノワルムーティエ（Noirmoutier）島、――現在のヴァンデ県に属し、ロワール川河口の南方にある小島、――に上陸したオランダ軍の捕虜のなかに、件《くだん》のアンドレ・ジュベールなる青年がいて、この戦時の体験をもとに作詞したというわけです。もっとも、いまも異説はありますが、それは古い伝承歌謡には、いつだってつきもののことです。

歌詞後半

ともかくも、シャンソン『ぼくのブロンド女性のそばで』（*Auprès de ma blonde*《オプレ・ドゥ・マ・ブロンド》）は、フランスとオランダと、さらにはイギリスやスペインが加わってのオランダ戦争が背景になっているということ、そして、そこには、ルイ十四世の野心やイギリスの狡猾さ等々が渦巻いていたということは、分かりました。ですから、歌詞後半のヒロイン「あたし」は、そのオランダ戦争で捕虜になった夫の身を案じ、無事の帰還を祈願する「妻」の話です。つまり、〈出征した夫を思う妻〉がテーマですね。

そう、「妻」ですね。とすると、ルフラン部で繰り返され、フランス語のタイトルにもなっているルフラン部《Auprès de ma blonde《オプレ・ドゥ・マ・ブロンド》》（ぼくのブロンド女性のそばで）の《blonde《ブロンド》》は、女性は女性でも、既婚の「金髪女性」、――それも「金髪の妻」、――ということになります。ちょっと限定されすぎて困らないでもありませんが、そ

Roland Sabatier: *Premier Livre des Chansons de France*（Gallimard Jeunesse）

のことには、後ほど改めて触れることにしまして、いま、大切なのは、「妻」が「夫」の無事と引き換えに、天秤にかけたものの質量です。なかなかすごいですよ。歌詞九番以降をご覧ください。

《なにをあげるの、美しいひと／あなたの夫をとりもどすのに？》と問われた妻は、こう答えます、――《あたし、あげるわよ、ヴェルサイユも／パリも、それからサン・ドゥニも／ノートル・ダム大聖堂の鐘楼も／あたしの故郷の鐘楼もよ》、――と。

いとも軽く歌われていますが、これら固有名詞の持つ意味の重さ・大きさを、簡単に説明しておきましょう。

固有名詞の意味

まず、「ヴェルサイユ」(Versailles)ですが、パリ南西郊外十八キロの所にあります。絶対王政の最盛期に作られ、一六八二年からフランス革命が勃発した一七八九年まで、摂政時代の七年間ほどを除いて、ずっと政府が置かれ、一貫してフランス政治の中心でした。

摂政時代というのは、五歳で即位したルイ十五世に代わり、ルイ十四世の甥オルレアン公フィリップ二世が摂政に就任し、宮廷を一時的にパリに戻した一七一五年から一七二二年までを指します。有名な「ヴェルサイユ宮殿」(Château de Versailles) は、ルイ十四世(在位一六四三―一七一五) の命により、建築家マンサール、室内装飾家ル・ブランによって造営された宮殿で、フランス革命勃発まで、王宮として用いられました。

次に、「サン・ドゥニ」(Saint-Denis) ですが、パリ北郊外九キロの所にある町の名前で、この町にある「サン・ドニ大聖堂」(Cathédrale St-Denis) の創建は四七五年ときわめて古く、六三〇年には、ダゴベール一世 (在位六二三―三八) が再建し、さらに、七五〇年ごろに、短軀王ペパン三世 (在位七五一―六八) が再々建しました。ほぼ現在の形ができあがるのは、十二世紀初めから十三世紀後半にかけてです。ここには、ダゴベール一世からルイ十八世 (在位一八一四―二四) にいたる歴代フランス国王のほとんどが葬《ほうむ》られています。

さらに、「パリ」(Paris) ですが、いうまでもなく、十二世紀にカペー王家がパリを首都として以来、パリは学術・芸術・科学、そして政治の面で、主導性と傑出した影響力を発揮してきました。そして、その首都パリの聖堂が、「ノートル・ダム大聖堂」(Cathédrale Notre-Dame) です。フランス・ゴティック建築の最高峰のひとつで、ちなみに、邦訳のミシュランの『グリーンガイド「フランス」編』〔実業之日本社、一九九三年〕には、《ある意味では、フランス国家の聖堂ともいえる。なぜなら、すでに二千年も昔からこの場所で人々は祈りを捧げ、現在の聖堂ができてからも、数々の歴史的な出来事がここで展開されてきたからである》と、記載されています。たとえば、一四五六年、この大聖堂でジャンヌ・ダルクの再審が開かれ名誉が回復されましたし、一五七二年には、新教徒アンリ・ドゥ・ナヴァール〔後のアンリ四世〕と旧教徒マルグリット・ドゥ・ヴァロワの婚礼が挙行されました。

要は、これほど重要な都市及びそこにある記念物と、夫の命を対価に置いているのです。妻の鑑《かがみ》というべきではないでしょうか……。

出征した夫、恋人

さて、ことはそれでは終わりません。〈出征した夫を思う妻〉のテーマには、〈出征した恋人を思う女性〉という元歌があるのです。マルティーヌ・ダヴィドとアンヌ＝マリ・デルリュー共著の『シャンソン・ポピュレールの元歌を求めて』(Martine David, Anne-Marie

Delrieu:*Aux sources des chansons populaires*, Librairie Classique Eugène Belin, Paris, 1984.）のなかに、一五七五年の日付になる『リュックの写本』（Manuscrit de Lucques）からの引用として、次のような歌詞が記載されています。

——美しいお嬢さん方、なにを待っているのかね
ここで、なにを待っているのかね？
——あたしたち、五月を待っていますの
いま、四月ですもの。
娘さんたちすべてが、
新しい恋人を探し求めているとしても
あたしは、そんなことはいわないわ
だって、優しい恋人がひとりいるんですもの
でも、フランスにはいないの
いま、この国にはいないの
イギリスにいるのよ
あのひとが仕えているのは、アンリ王

——私になにをくれるかね、美しいお嬢さん
もしも私があんたの恋人を探しに行くとしたら？
——あたし、あなたにブーローニュをさしあげますわ
ブリュージュもガン（ヘント）もパリも
そして澄んだ泉もね
こんこんと水の湧きでる庭園の泉よ。

確かに、この『リュックの写本』元歌では、「妻」が「お嬢さん」に、——つまり、「未婚の女性に」——、「夫」が「恋人」になっています。とくに、「お嬢さん」＝「未婚の女性」には留意しておきましょう。

ただそれだけではありません、アンドレ・ジュベール作詞では「オランダ」になっていたものが、元歌では、「イギリス」なのです。それだけでなく、パリ以外に、ブーローニュ、ブリュージュ、ガン（ヘント）といった地名がでてきます。これはどうしたことでしょう。

それには、『リュックの写本』が出た一五七五年を少しさかのぼったころの歴史的背景を振り返る必要があります。

一五四〇―六〇年ごろ

そこで、歌中の「ブーローニュ」ですが、カレー海峡（Pas de Calais）、――英語のドーヴァー海峡（Strait of Dover）、――に面したフランス北部の町「ブーローニュ＝シュル＝メール」（Boulogne-sur-Mer）のことです。一五四〇年代に、カレー（Calais）から出撃したイギリス軍と、ブーローニュ＝シュル＝メールを守るフランス軍とのあいだで、数年間にわたる戦いがあり、一時的にイギリス軍に占拠されるという事件がありました。カレーがフランス領に戻るのは一五六〇年前後で、そのあたりに英仏軍は激しい争いを繰り広げていました。その際、フランス軍を率いていたのが、国王フランソワ一世の子息で王太子アンリ（後のアンリ二世、Henri II）です。それゆえ、この事実は、歌中にある「恋人」がアンリの兵士であり、イギリス軍に捕えられたということと、見事に符合します。

ブーローニュ＝シュル＝メールはフランドルの一角にあり、あとで挙げられている都市、現在ではベルギーになりますが、ブリュージュ、ガン（ヘント）とも近いので、多分、間違いないでしょう。ただ、この時代のこうした英仏間の史実は、手軽に入手できる程度の歴史書には記載されていないのがふつうのようです。そこで、フランス近世史がご専門の阿河《あが》雄二郎先生（関西学院大学名誉教授）のご教示を仰ぎました。

それにしても、このシャンソン『ぼくのブロンド女性のそばで』の後半部分のヴァリアントはじつに多くて、カナダでは「オランダ人」が「アイルランド人」に、フランシュ＝コンテでは歌詞の件《くだん》の部分が「あたしは、ケベックを、ソレルを、サン・ドゥニを与えるだろう」に、またその他の地域では、「ノートル・ダムの鐘楼」が「バビローヌ（バビロン）の鐘楼」に、「ヴェルサイユ」が「レンヌ」に置き換えられて、……というふうに多彩です。時代を経て伝播《でんぱ》した地域のひとびとに身近な、あるいは分かりやすい地名が選ばれるからでしょう。

歌詞前半

さて、まだ、シャンソン『ぼくのブロンド女性のそばで』の歌詞前半部分の検討が残されています。それは、〈あたしの父の庭〉をテーマにした幸せな「楽園風景」の描写でした。これにも当然、原型となる古い元歌があるはずです。訳書ですが、見つけました。ピエール・サカ著『シャンソン・フランセーズ――その栄光と知られざる歴史』〔永瀧達治訳、講談社、一九八一年〕付録の歌詞集のなかの《あたしの父の庭で》で始まる歌です。この本は、フランスで出版された原書が、すぐに絶版になっていて入手できないままですが、一九九六―九七年にかけて文部省の在外研究で一年間滞仏した際に、パリのフランス国立図書館で、現物を確認しました。

シャンソン『あたしの父の庭で』は、十五世紀ごろの作詞で、――もちろん、作詞者も作曲者も不詳ですが、――現代フランス語に書き換えられた歌詞が添えられています。いまのところ、このテーマの歌で、わたしが確認できたなかではもっとも古いものです。

あたしの父の庭に
一本のバラの木が育っている。
三人のお嬢さん方が
日陰に入りに行くところ。
愛しておくれ、可愛いお嬢さん
愛しておくれ、心配せずに。
三人の若者たちが

お嬢さん方に会いに行く。
ぼくは一番の美人を選び
愛しておくれ、と頼んだよ。
愛しておくれ、可愛いお嬢さん
愛しておくれ、心配せずに。
「父が、部屋にいますの
行って許しをもらってきてくださいな
父が喜んでくれるなら
あたし、そのとおりにいたしますわ。」
愛しておくれ、可愛いお嬢さん
愛しておくれ、心配せずに。

先に紹介した、マルティーヌ・ダヴィドとアンヌ＝マリ・デルリュー共著の『シャンソン・ポピュレールの元歌を求めて』にも、この歌詞の冒頭四行が引用されて、シャンソン『ぼくのブロンド女性のそばで』の前半部分の原型だと記されていますから、もはや間違いないところでしょう。

Chansons et dansons
Illustration de Jacqueline Guyot
(Editions G.P.)

本歌取り合作

以上のことから、もう多くを語る必要はないでしょう。古くから歌い継がれていた〈あたしの父の庭〉をテーマとするシャンソンを歌詞の前半部分に、一五四〇―六〇年ごろにあったイギリス軍とフランス軍との戦いを背景にしたシャンソンを、ルイ十四世治下のオランダ戦争を背景に置き換え、そして書き換えた歌詞を後半部分に配し、そうすることで、筋の一貫性などどこ吹く風と、ひとつのシャンソンに仕上げたのがアンドレ・ジュベールなる青年で、仕上がったシャンソンが『ぼくのブロンド女性のそばで』（*Auprès de ma blonde*《オプレ・ドゥ・マ・ブロンド》）というわけです。ふたつの異なる元歌からの合作ですね。

ブロンド女性は未婚か既婚か

無理やりの合作とはいえ、アンドレ・ジュベールによって、ひとつの歌にされてしまった限り、歌詞《クープレ》一番から歌詞十一番までをとおしての主人公「あたし」は、同一人物、——同じ女性の「あたし」、——でなければなりません。なら、この女性は、明らかに既婚です。捕虜になっている「夫」を待っているわけですから。

そして、「夫」と「妻」という文脈において解釈すれば、《blonde《ブロンド》》が女性形（＝ブロンドの女性、金髪女）ですので、ルフランの《Auprès de ma blonde《オプレ・ドゥ・マ・ブロンド》》は、「ぼくのブロンドの妻のそばで」の意味になるでしょう。

がしかし、実際には、そう狭く限定して考える必要はないと思います。なぜなら、ルフランは、その場のみなで唱和する、歌詞とは遊離した一種の〈合いの手〉、——囃子詞《はやしことば》、——のようなものだからです。なら、その場のみなが、《Auprès de ma blonde《オプレ・ドゥ・マ・ブロンド》》と声を張り上げるとき、それぞれに思い当たる「金髪の女性（金髪女）」（blonde《ブロンド》）と、捉えていいのではないでしょうか。ひとりひとりの胸に思い浮かぶ、大好きな《ブロンドの女》、《金髪女》、成熟した《金髪娘》というふうに……。こうしてみれば、ルフラン部にあっては、もはや既婚であっても未婚であっても、どちらでもいい、自由に解釈せよ、ということになります。

邦題は、なぜかすべて『ブロンド娘のそばで』

なのに、なぜか、このシャンソンの「邦題」は、散見するかぎり、すべて〈ブロンド娘のそばで〉で定着しています。出版当時、東大教授だった福井芳男氏の編んだ『フランス語で歌いましょう』〔第三書房、一九七三年〕所収のこの歌のタイトルも同じ〈ブロンド娘のそばで〉です。もちろん、〈ぼくの〉があるかないかは、まったく問題ではありません。

　思い当たる理由としては、シャンソンの前半部分の歌詞（クープレ）で、〈父の庭〉で咲き誇る花々や、さえずる鳥たちは、それはすべて未婚の「娘さんたち」（les filles《レ・フィーユ》）のためでしたし、さかのぼれるかぎりの十五世紀ごろの元歌でも、同じく未婚の「娘さんたち」、つまりは「三人のお嬢さん方」（trois jeunes demoiselles《トロワ・ジュンヌ・ドゥモワゼル》）のためでした。それに、いささか、牽強付会《けんきょうふかい》ですが、〈父の庭〉がテーマで、その「父」から見れば、ヒロインの女性「あたし」は、未婚・既婚を問わず「娘」（fille《フィーユ》）に違いないでしょうし。

　また、シャンソン後半部分の歌詞でも、その部分の原型『リュックの写本』に見る歌詞では、イギリスに捕虜になった恋人を思いやるのは、やはり、結婚前の「美しいお嬢さん」（belle《ベル》）でした。

　さらに、このシャンソンは、かつては知らず、いまでは、まずは〈子供の歌〉として認知され、子供たちの人生のかなり早い時期に口ずさまれるということを、意識した結果の「娘」なのでしょう。

フランス語の《blonde《ブロンド》》は、――「ブロンド女性」は、――この一語で、「金髪娘」も「金髪女」も、同時に意味します。フランス語なら一語で双方の内実を担っているのに、日本語だと使い分けないといけないので、ややこしい混乱が起こるのです。

フランス人にとって、《Auprès de ma blonde《オプレ・ドゥ・マ・ブロンド》》の解釈が、《ぼくのブロンド娘のそばで》から、《ぼくのブロンド女性のそばで》へ、――もっと限定すると、《ぼくの金髪の妻のそばで》へ移行していくことは、――艶《なま》めかしさの度合いの加速は、――子供の年齢により、発達段階に応じ、それぞれに、自然に起こっていくはずのこととして、なんら不思議なことではないのでしょう。

とはいえ、本音をいえば、今後は、『ぼくのブロンド女性のそばで』、あるいは、少し俗っぽく『ぼくの金髪女のそばで』のタイトルで紹介したほうがいいと思っています。もちろん、その女性・女のなかに、限定した意味での「妻」が含まれていてもかまわないのは、すでに述べたとおりです。

そして、結局のところ、ルフラン部の歌唱の裏から感じとれるのは、未婚の「娘」でも既婚の「女性」でも同じこと、——妻であろうとなかろうと、それもかまわない、——重要なのは、〈ぼくが、ぼくの金髪女性のそばで眠る〉という不変の構図です。どんなに品がよくないといわれようとも、そこにこそ本来の歌の〈隠し味〉＝〈旨《うま》み〉はあるわけですから。

未婚か既婚かで、妻かそうでないかで、艶《なま》めかしさの程度が違うなどと、ご丁寧な区分をする必要はまったくありません。思春期以後のフランス人ならすべて、フランス語の《ma《マ・》 blonde《ブロンド》》に、瞬時のうちに、成熟した「金髪の女性」を思い浮かべるでしょうから。その方が、自然だからです。だって、《……のそばで眠るのはいい気持ち》と、あけすけに告白しているのですから……、それもルフランですから、繰り返し！……。

そして、そんな《いい気持ちになる》のは、当然、眠る前にステキな出来事があったことを示しているわけですから……。

Pierre Saka: *Y'a d'l'amour en chansons*
(Larousse)

加えて、このシャンソンの生まれた時代、未婚の女性の男女関係には厳しくても、既婚の女性の浮気には、比較的大らかだったカトリック世界でのこと、なおさら、『ぼくのブロンド女性のそばで』、あるいは『ぼくの金髪女のそばで』で、不自然でないということです。

そう考えれば、このシャンソン、じつに大らかでストレートな「性愛」の表白だったということです。大人たちは、子供たちがこのシャンソンを、無邪気に楽しげに歌う姿を微笑《ほほえ》ましく眺めながら、ひとり、胸のうちでニンマリすることでしょう。

おわりに

最後に、シャンソン・フランセーズ研究者ジャック・ユルバン（Jacques Urbain）のことばを引用しておきましょう、――《この流行歌は、かつて、フランス、スイス、カナダの軍隊でかなり好評だったことが知られていますが、いまでは童謡以外の何物でもありません。というのが、歴史が伝承シャンソンに定めた宿命なのです》〔*La Chanson populaire en*

Suisse Romande 1, Edition Ruvue Musicale de Suisse Romande et les Editions de la Thièle Yverdon (Suisse)」。つまり、伝承歌謡は、軍隊から育児室まで……、ということですね。

ユルバンの指摘するとおり、アンドレ・ジュベール作詞のこのシャンソン『ぼくのブロンド娘のそばで』が、当初、〈軍歌〉だったことは事実です。

なら、戦場に向かう兵士たちが、行軍の際の歩調に合わせ、《Auprés de ma blonde...《オプレ・ドゥ・マ・ブロンド》》と繰り返し唱和しながら、それぞれが思い浮かべる《ma blonde《マ・ブロンド》》とは、……もはやいうまでもないでしょう。その愛の構図が、プラトニックである比率は、極めて小さいと断言していいでしょう。

第六話　ジルベール・ベコーと『詩人が死んだ時』

——矢車菊の花咲く時——

はじめに

二十代のころ、わたしたちは、本を読むことと、そして人間と世界について語りあうことに、心底、希望を見いだしていました。あれから、ざっと四十年、三高寮歌『友を憶《おも》ふ』（南湖生作詞／孤吟生作曲）歌詞三番冒頭の、――《星は遷《うつ》りて時は逝《ゆ》く》、――が身に沁《し》みます。ただ、そうは申しましても、いたずらに、時にのみ、運ばれてきたわけでもなさそうです。だれしものように、山あり谷ありでしたが、六十代後半を迎えたいま、改めて思うのは、「ひとは、〈ことば〉に導かれる」ということです。

「ひとは、〈ことば〉に導かれる」……、とはいえ、イデオロギーの〈言葉〉でも、宗教者の〈言葉〉でもありません。ふつうの、ごくありふれた〈ことば〉です。最近、久し振りにそういう体験をしました。

第六話　ジルベール・ベコーと『詩人が死んだ時』

高校時代の同級生有井滋樹《ありいしげき》君は、京大医学部を卒業した後、助手・講師・助教授と昇進し、五十歳前後で東京医科歯科大学医学部教授に転じ、長らく肝胆膵臓外科教室で研究教育、並びに実際の手術に携わっていましたが、近年、定年一年を余して大学を辞し、浜松労災病院の病院長に赴任しました。有井君とは、お互いが三十五歳のときのお正月に、家族そろって、拙宅を訪ねてくれて以来、会う機会がないままでした。年賀状は続いていましたし、お互いの動向も知らせあっていましたので、疎遠になることはありませんでしたが、要するに、双方、忙しく歳月を重ねた、ということなのでしょう。

折も折、フランス大使館後援の「浜松シャンソンコンクール」との関わりで、浜松に二泊三日したときのことです。もう歳も歳、機会を逃していては、それっきりになってしまうかもしれないと思い、急遽《きゅうきょ》、「会いたいけど、時間とれる?」とメールを送りましたところ、すぐにも、「この日の夜八時以降なら、とれるよ」と返事がきました。日中は、東京で会合があるので、終わり次第、新幹線で浜松に戻ってくるから、駅前の某ホテルのロビーで、という指示でした。

約束の夕べ、少し早い目にホテルに着いたわたしは、ロビーのゆったりした椅子に深々と腰をかけ、ぼんやりしていましたが、約束の八時が近づくほどに、入り口ドアの方が気になりはじめました。「顔、分かるかなあ……」、ふと、そんな思いが頭をよぎったりしました。
八時きっかりでした。広いロビーの向こうの方から瘦身《そうしん》で長身の有井君が、わたしの姿を認めて、片手を挙げながら、ゆっくりと歩み寄ってきました。それから、立ち上がって迎えたわたしの真正面に回ると、はにかんだような笑顔を浮かべながら、こういいました、――「久し振り、ぼく、ドキドキしたよ」――。

予期しなかったこの〈ことば〉に、一瞬、胸がキュンとなりました。それを悟られないよう、さり気なく、「ほんま、久し振り、三十年ぶりやで」と応じながら、なんだか、体内に、小さな「灯火《ともしび》」がひとつ、灯《とも》ったような気がしました。灯したのは、有井君の一言、――「ぼく、ドキドキしたよ」、――です。その小さな「灯火」は、大きく燃え上がることはありませんでしたが、同席している間じゅう、ほのかな温かさを全身に運んでくれました。

あの記憶は、きっと、わたしの最期のときまで、消えることはないでしょう。確信みたいなものです。この記憶を失わないでいるかぎり、自分は残りの人生を、ちゃんと、きちんと生きていける、……なぜだかよく分からないのですが、そんな風な気がしています。

有井君の朴訥《ぼくとつ》な語り口、素朴な飾り気のない人柄は、高校時代そのままでした。いまも手術室に入るといっていましたが、肝臓ガンの患者さんからは、きっと、神様のように崇《あが》められているのでしょう……、懐かしく、楽しいスワレでした。

こうした日常のちょっとした出来事の場合ですら、そうです。〈ことば〉は、時に魔術を使います。それが、人生に迷ったり、途方に暮れたりしているような場合には、なおさらです。振り返ってみれば、そんなとき、決まって願ったことは、だれかのひとこと、――自分のためだけに〈選ばれたことば〉でした。《汝の隣人を愛せよ》とか、《絶対矛盾的自己同一》とかいった、博大な愛、あるいは難解な哲理ではありません。そんな大上段に振りかざした、できもしない普遍的真理ではなく、自分の身の丈にあった〈ことば〉、等身大の〈真実〉でした。そして、ひとはひとりでは生きていくことができない、ということを知るのもまた、じつは、そうした瞬間でした。

「ひとは、〈ことば〉に導かれる」、――それをはっきり自覚したのは、三十歳のときでした。探し求めていた簡単な〈ことば〉と、平明な〈真実〉に遭遇《そうぐう》したときです、――それも、日頃、研究対象としていたラ・リテラチュール・フランセーズ（フランス文学）ではなく、「ラ・シャンソン・フランセーズ」（フランスの歌）の平俗な歌詞のなかに、でした。

そのようなわけで、これから少しばかり、ひとりの小さな人間が過去のある時期を振り返るとき、出会えて良かったといつも思う、ある懐かしい「シャンソン」について、——シャンソン・フランセーズについて、——お話ししてみたいと思います。決して、学究的かつ深遠な話ではありません。そのことを予《あらかじ》めお許し願うとして、しばらくの間、お付き合いいただければ幸いです。

入院

大阪教育大学教育学部に就職して九ヵ月ばかり経ったころのことです。ストレスが引き金になったのでしょうか、それとも張り切りすぎによる過労が原因だったのでしょうか、ともかくも消化器系をひどく損ねて、長期入院しました。町医者に紹介された神戸市内の小さな私立病院でした。三十歳でした。別名、盲腸病院と陰口されているのを聞いたのは後になってからのこと、医師は外科医ばかり四人、診断結果は、ひどく大仰な病名で、厚生省指定の難病でした。治療法はなく、これでは、社会復帰はおろか、四十歳まで生きられるかなという思いが、頭をよぎりました。

それが、不惑どころか還暦をこえ、二〇一二年三月、六十四歳での定年を迎え、神戸大学大学院国際文化学研究科の教授職を無事に全うすることができたのですから、やはり「誤診」だったのでしょう、幸運なことに。そういえば、退院五年後の三十五歳のとき、恐る恐る相談した大病院の先生が、ニコニコしながら、それでもいいにくそうに、「違っていたようですね」といってくれたときの笑顔を、いまもよく覚えています。同い年くらいの先生でした。

多少、小康を得て退院するまでの二ヵ月半、ベッドの上で、否応《いやおう》なく、死を思わざるを得ませんでした。幸いにも哲学者ではありませんから、死を考えなくてすみましたが、愉快ではありませんでした。病室に持ち込んだクラシックのカセットテープも役には立ちませんでした。平素、あんなに心地よかったモーツァルトも、あんなに元気を鼓舞してくれたベートーヴェンも、精神安定剤のようなハイドンも、虚空に響くだけの夾雑音《きょうざつおん》でした。ましてや、古典文学の活字を追う気力など、まったくでませんでした。枕辺《まくらべ》のドストエフスキーは、すぐにも手荷物カバンのなかに密封されました。

そうです、あのとき、すでに三十歳にして、凡人たるわたしは、不幸にも悟ってしまったのです。どんな「立派な音楽」も「高邁な文学」も、目の前に肉体の消滅がちらつくとき、なんの力にも拠《よ》り所《どころ》にもならないということを……。
以来、〈高尚な芸術〉のみが「人生、いかに生きるべきか」に答えうるという、大正ヒューマニズムから、かなり遠ざかることになりました。否定したというわけではありません。遠ざかっただけです。〈高尚な芸術〉を鑑賞するのは、健康で、エネルギーがいくらか余分にあるときに限ります。そんなとき、いまでも、素晴らしいものは素晴らしいと感じますから、感受性が鈍ったわけでも、嗜好がすっかり変わってしまったわけでもないと思います。

入院中の楽しみはといえば、若いミニの白衣の看護婦さんが、――当時は、看護師なんて堅苦しい言い方をしませんでした、――決まった時間に様子を見にきて、声をかけてくれることでした。決まりきったことを、聞かれるだけですが……。

病院内の日常性は、淡々と規則的に繰り返されます。朝七時の朝食、八時の検温、九時の点滴、……と。この堅固さは、慣れるとヘンに気楽なんですね。次第に、社会性を失っていく過程だとは、そのときは気づきませんでした。毎日が、微温的に流れていき、そして、確実に気力は萎《な》えていきました。

シャンソン『詩人が死んだ時』

そんなある日、スイッチをひねった枕元のトランジスターラジオから、偶然、ＮＨＫのフランス語初級講座が聞こえてきました。講師の林田遼右先生が、――当時立教大学助教授だったと思いますが、――穏やかな、それでいて、不思議とどこか艶のある声で、曲名と歌詞を対訳で紹介された後、流れてきたのは、なんとも陽気で賑やかなフランス語の歌声でした。ジルベール・ベコー（Gilbert Bécaud,Toulon, 1927-Paris, 2001）が歌う、シャンソン『詩人が死んだ時』（*Quand il est mort le poète*《コンティレ・モール・ル・ポエット》）でした。耳にしたのは、そのときが初めてでした。作詞ルイ・アマド（Louis Amade, Ille-sur-Têt, 1915-Paris, 1992）、作曲はジルベール・ベコー自身です。ちょっと、ＣＤで聴いてみましょう。

詩人が死んだ時　Quand il est mort le poète
詩人が死んだ時　Quand il est mort le poète
友だちはみんな　Tous ses amis
友だちはみんな　Tous ses amis
友だちはみんな泣いた　Tous ses amis pleuraient

詩人が死んだ時
詩人が死んだ時
世界中が
世界中が
世界中が泣いた

詩人の星は埋められた
詩人の星は埋められた
広い畑に
広い畑に
広い麦畑のなかに

だから見つかるのさ
だから見つかるのさ
あの広い畑に

Quand il est mort le poète
Quand il est mort le poète
Le monde entier
Le monde entier
Le monde entier pleurait

On enterra son étoile
On enterra son étoile
Dans un grand champ
Dans un grand champ
Dans un grand champ de blé

Et c'est pour ça que l'on trouve
Et c'est pour ça que l'on trouve
Dans ce grand champ

あの広い畑に　　Dans ce grand champ
あの広い畑に矢車菊が　　Dans ce grand champ des bleuets

(Gilbert Bécaud: *Alors, raconte*... Le Livre de Poche, Paris, 1995.)

《だから見つかるのさ／……／あの広い畑に／……／あの広い畑に矢車菊が》……。寝台に、つくねんと仰向けに横たわるわたしの眼前に、麦畑一面に無数に花咲いた青い「矢車菊」(Bleuets《ブルエ》)の映像が、病室の窓から折しも射し込んだ光のなかに浮かびあがり、「空間」いっぱいに広がりました。胸のなかに、暖かいものが、ゆっくりと満ち渡っていくのを感じました。そして、瞬間、ほんの少し気持ちが軽くなりました。

このほんの少しが、膠着《こうちゃく》状態だった生と死のバランスシートを、ふわっと、柔らかく生の方に傾けました。それがなぜかは、分かりませんでしたが、確かなことは、ベコーの歌う〈ことば〉の「易《やさ》しさ」が、——シンプルさ、ですね、——閉じかけていた心の扉を、ほんの少しばかり押し開けたということでしょうか。煩《わずら》わしい分析や小難《こむずか》しい解釈を一切必要としない、歌詞の簡単平明な〈ことば〉が……、です。

語呂合わせではありませんが、この〈ことば〉の「易《やさ》しさ」には、「優《やさ》しさ」があります。〈ことば〉の「易《やさ》しさ」があって初めて、意味も感情も、だれしもが共有することができるわけですから。

なら、これは、ひょっとすると、人間が人間に対して抱いてよい、かつ託してよい、最後に残された唯一のほんとうの「優しさ」かもしれません。ひとりの人間の死が、身近なものたちの悲しみとなり、――《友だちはみんな泣いた》、――そして、すぐにも、すべてのひとたちの涙に通底しているからです、――《世界中が泣いた》。

矢車菊

あるひとは、それを「共感」(sympathie《サンパティ》)と呼ぶかもしれません。フランス語の「共感」の遥か遠いギリシャ語源は、他人の感情のなかでもとくに、《苦しみを共にすること》、――『ロベール』仏々辞典には、そう書いてあったと思います。当時もいまも、わたしは、第一義的には、そう捉えています、――究極の「優しさ」は、「共感」であると。

またあるひとは、それを、普遍的な心情移入ゆえに、――なんといっても、《世界中が泣いた》わけですから、――「神の愛」にも似た感情とおっしゃるかもしれません。ただいかなる宗教とも無縁なわたしには、実感として捉えにくく、あえて、信仰者の立場に身を置いて、——というか、成りすまして、といった方が適切でしょうか、——考えようとしたときにのみ、多少理解できるかもしれません。もう少し後のほうで、そうしてみたいと思います。

詩人＝コクトー

ところで、このシャンソンソン『詩人が死んだ時』で歌われている「詩人」とは、いったいだれのことでしょうか？

ジャン・コクトー

じつは、作詞者ルイ・アマドの意図ははっきりしていて、ジャン・コクトー（Jean Cocteau, Maisons-Laffitte, 1889- Milly-la-Forêt, 1963）のことです。いや、歌中の詩人がだれかなど、歌の本質とはかかわりない、——知らなければ知らないでいい、むしろその方が普遍性を帯びる、——というご意見の方もいらっしゃるでしょうが、いまは一応、コクトーのこととして、話を進めさせていただきます。作詞者アマドだけでなく、作曲者兼歌手ジルベール・ベコーも、明確に、コクトーを念頭においてのことでしたから。

さて、半世紀以上も前にさかのぼります。一九六三年十月のことですが、パリ南方五十一キロメートルの所にある、エソンヌ県ミイ＝ラ＝フォレ（Milly-la-Forêt）の自宅で、コクトーは、重い病の床についていました。同年十月十一日、エディット・ピアフ（Edith Piaf, Paris, 1915- Plascassier, 1963）の訃報が、突然コクトーのもとに届きます。コクトーとピアフが、それ以前から深い友情で結ばれていたことは、周知の事実でした。ピアフのために一幕物独白劇『美男薄情（邦題）』（*Le bel indifférent*）を書いたのも、コクトーでしたから。コクトーは、病を押して、ピアフ追悼のインタヴューに応じ、その数時間後、あとを追うように息を引き取りました。あまりの悲嘆・落胆から、死期を早めたといわれています。

……エディット・ピアフが消えました、その栄光を高める炎に焼き尽くされて。これほど魂の出し惜しみをしなかったひとを、かつて知りません。ピアフは魂を消費したのではありません、惜しみなく振舞ったのです、魂の金貨を窓から投げ与えたのです。

……ただピアフの声だけがわたしたちに残されています。歌詞を内実以上に高める、あの黒ビロードのように滑らかな偉大な声が。しかし、あの偉大な声がわたしに残されているとしても、ああ、ひとりの偉大な友は失われました。

〔Bernard Marchois : *Edith Piaf*, Musique TF1 Editions, 1995.〕

話がそれますが、コクトーのピアフ評、――《歌詞を内実以上に高める、あの黒ビロードのように滑らかな偉大な声》、――という礼讃《らいさん》と対極にあるのが、ボリス・ヴィアン（Boris Vian, Ville-d'Avray, 1920-Paris, 1959）のピアフ評です。

ボリス・ヴィアンは、《確かに、ピアフは電話帳を歌ってもひとを泣かせることができるだろう》（Boris Vian: *En avant la zizique*, Le Livre de Poche, 1997）、――つまり、電話帳のような無内容なものでも、ピアフにかかると聴かせる歌になる、――と、当時、すでに大歌手だった同時代のピアフを揶揄《やゆ》していますが、これは、あながち間違っているとはいえないでしょう。それどころか、ある面、ピアフの本質をついているともいえます。引用の文脈で、ボリス・ヴィアンが、ピアフの圧倒的な歌唱力が、強引にヒットに導いた例として挙げている作品は、《聴くにたえない（……）ぞっとするようなメロドラマ》、つまり、コンテ作詞・ルイギー作曲の『道化師に喝采』（*Bravo pour le clown*）です。そして、少なくとも、この歌に関するかぎり、ヴィアンの批判は正しいといえるでしょう。

話を戻しましょう。コクトーの死を早めたエディット・ピアフの死は、一九六三年十月九日から十日にかけての夜中のことでした。場所は、南仏グラース近郊のプラスカシエ(Plascassier)の別荘です。十日から翌十一日にかけての夜中に、夫のテオ・サラポ(Théo Sarapo, Paris, 1936-Limoges, 1970)と付き添い看護婦シモーヌ・マルガンタンは、遺体を救急車に乗せて、パリのピアフの自宅に向かいました。着いたのは十一日の早朝で、同日、午前中の新聞でピアフの死は報じられました。コクトーが、インタヴューに応じたのは、その直後だったわけです。

こうした事実を、ずっと後になって知ったわたしは、以後、『詩人が死んだ時』を聴くたびに、《友だちはみんな泣いた……、世界中が泣いた……》のコクトー哀悼に、僅かの時差で早く旅立ったピアフ哀悼が、共振して聞こえてくるようなときがあります。もちろん、軽い幻聴ですが……。そして、もちろん、それなりの理由もあるのですが……。そこで、必要上、ベコーとピアフの出会いについて、少し触れておきましょう。

ピアフを介して

ジルベール・ベコー（本名、François Silly）は、一九二七年十月二十四日、南仏トゥーロンに生まれました。ニース音楽院でクラシックのピアノ教育を受け、――中退したともいわれていますが、よく分かりません、――第二次世界大戦後、母と共にパリにで、サン・ジェルマン・デ・プレの酒場でシャンソンと出会います。一九四八年、モーリス・ヴィダラン（Maurice Vidalin）から影響を受け、作詞作曲を始めます。初期のいくつかのシャンソンは、一九五〇年に専属伴奏者になった歌手マリー・ビゼー（Marie Bizet）に捧げられますが、そうこうしているうちに、音楽出版社をとおして知己を得たジャック・ピルス（Jacques Pills, Tulle, 1906-Paris, 1970）に引き抜かれます。一九五〇年から五二年にかけて、ピルスの伴奏を勤め、その間、約一年間、アメリカツアーにも同行し、貴重な経験を積みます。このピルスの当時の妻が、だれあろう、エディット・ピアフでした。

エディット・ピアフ

ピアフは若き日のベコーの歌を聴き、すぐさまその音楽的才能を見抜き、助力を決意し、優れた作詞家ルイ・アマドを紹介しました。こうして、ベコーは、アマドの素晴らしい作詞のおかげで、「歌手」としてデビューし、成功への道を歩むことになりました。この事実は、ピアフを介して初めて、ベコーとアマドとコクトーの三人が、結びついたということを指しています。ピアフ抜きには考えられません。そして、後世から見れば、ベコーもまた、イヴ・モンタン、シャルル・アズナヴール、ジョルジュ・ムスタキ、シャンソンの友、……などと同様、ピアフの金銭的援助及び後押しがあって初めて、一流への階段を昇ることができたということです。

また、ベコーの方だけでなく、アマドの方でも、ベコーとの出会いは運命的だったようです。あるインタヴューのなかで、おおよそ、こんな風にいっていますから。

自分の分身が現れたようですごく驚きました。本当にわたしが待っていたひとでした。望みが叶ったようでした。

わたしは、いつもベコーの才能に驚かされました。思いもつかないものを歌から引きだして、より高いレヴェルにもっていく。わたしはそれを期待しているわけです。ベコーの閃《ひらめ》きはわたしのように時間をかけて考えだされたものではありません。二度目に会ったとき、歌詞にすぐメロディを付け、歌いました。その瞬間から、わたしはベコーのために詩を書くようになりました。ベコーが曲を付けて、歌ってくれることを前提にしてのことです。

〔『栄光のシャンソン、ジルベール・ベコー』VHSビクター、一九八八年製作、字幕参照〕

星

ともあれ、話を件《くだん》のシャンソン『詩人が死んだ時』に、——その歌詞内容に、——戻しましょう。フランス語として、語学的にちょっと気にかかるのは、歌詞三番の冒頭の詩行《On enterra son étoile》（詩人の星は埋められた）くらいでしょうか?

わたしは、《son étoile《ソンネトワル》》の《son》を、直前の「詩人」(le poète《ル・ポエット》)の所有形容詞と解し、ごく自然に「詩人の星」と訳しましたが、だれしも時にうっかりするように、この《son》を、主語《on《オン》》（人は、人々は）の所有形容詞だと取り違え、「人々は憧れの的を埋葬した」と訳される方もいらっしゃるようです（大野修平著『わが心のシャンソン』平凡社所収、二〇〇四年）。間違いです。

では、ここでの「詩人の星」（son étoile）の「星」（étoile《エトワル》）とは、いったい、なにを指しているのでしょう?、――考えるまでもありません、詩人という「星」（étoile《エトワル》）のもとに生まれついた、コクトーの「運勢」といっていいでしょう、――つまり、「運勢の星」（l'étoile de la destinée）なのです。

シャンソン『詩人が死んだ時』は、そんな天性の詩人コクトーの死を悼《いた》み、ルイ・アマドが作詞、ジルベール・ベコーが作曲し、コクトーの死後二年たった一九六五年に、ベコー自ら創唱したものです。大いにヒットしました。ですから、いってみれば、紛《まぎ》れもなく「レクイエム」、――鎮魂曲（歌）、――ですね。タイトルも、《……死んだ時》ですし、間違いありません。

ジルベール・ベコー

ところが、そんなタイトルが連想させる「鎮魂」というイメージとは裏腹に、ベコーは、じつに陽気に賑やかに歌い上げています。まるでお祭り気分のようです。それを裏付けるかのように、ベコーは、このシャンソンにまつわるインタヴューで、《死は必ずきます、避けることはできません、悲しむこともない、……死は救いだと説く世界だってある、わたしは恐れません》というようなことを、潔い口調で述べています〔前出ＶＨＳ〕。

が、果たしてそうでしょうか？　このシャンソンがヒットして以後の発言とはいえ、多分、死をまだそれほど身近には感じてはいない時期なのでしょう、気楽に、他人事《ひとごと》のように語っているとも聞き取れます。こうした達観には、わたしは、昔もいまも、いささか戸惑いを禁じえません。

なのに、ベコーのこの陽気で明るい歌声は、ベッドの上のわたしに、確実に、ひとつのメッセージを伝えてきました、……「生きよ！」と。

それは、明らかに、ベコーのインタヴュー発言とは違うものです。死なんて恐くないよ、だれにでもいつかはきっと訪れるものだからね、平等にね、ちょっと早いか遅いかの違いだけだよ……、といわんばかりの、──実際にそういっているわけではありませんが、──したり顔の、とりすましたご託宣ではありませんでした。それどころか、聞こえてきたのは、ささやかにもせよ、生の鼓舞でした。大音声《だいおんじょう》にまじって、そっと届けられた、聞こえるか聞こえないかの小さな囁《ささや》きでしたが……。

これは、いったい、どうしたことでしょう。それは、ひょっとしたら、あの時、あの場で、わたしのためだけに運ばれてきたメッセージだったかも分かりません。分からないままに、小さいけど確かな勇気を、そのとき、得ました。その理由が、アマドの歌詞のなかにあるのをはっきりと自覚したのは、随分、後になってからのことです。

その理解には、作詞家ピエール・ドラノエ（Pierre Delanoë, 1918-2006）とならべて、ルイ・アマドを讃《たた》えた、ベコーのインタヴューでのことばが役立つかもしれません。

アマドやドラノエの詩には、深刻なテーマでも、少し窓があいているように、常に救いがあります。それは、彼らの思慮深さなのです。〔前出ＶＨＳ〕

どんなときにも、《少し窓があいている……》、——それは、人生に、いつだって小さな風穴を開けておくこと、と置き換えていいでしょうか、——窒息しないように、自分を自分で追い詰めないようにするために。

結果からすれば、ベコーのあの明るく陽気で賑やかな歌い方で、正解でした。そうでなければ、「歌詞」に潜むほんとうのメッセージは、——ベコー流にいう「救い」、私流にいう「生きよ！」は、——伝わってこなかったでしょうから。

ミイ＝ラ＝フォレ

コクトーが、晩年住んでいたミイ＝ラ＝フォレ周辺は、――フォンテーヌブローの森の西裾といってもいいでしょうが、――当時、一面の麦畑でした。

そして、村には、小さな社《やしろ》が、ひとつあります。サン＝ブレーズ＝デ＝サンプル礼拝堂（Chapelle St-Blaise-des-Simples）と呼ばれています。中世十二世紀に建立されたサン＝ブレーズ癩《らい》病院（Maladrerie de St-Blaise）の一部がいまに残ったもので、じつに質素な佇《たたず》まいです。病院内の菜園に、付近一帯の畑に、各種、病に効《き》くとされた薬草が栽培されていたそうです。いまも、礼拝堂周辺には、一般的な薬草のハーブ園があるとか……。ですから、礼拝堂名の一部に含まれる、フランス語複数形の「サンプル」（Simples）は、同行した、フランス語がよく読める著名な俳人が思い違いしたような、愚直・純真・素朴・謙虚なひとたち、――つまりはキリスト教の信徒、――を連想させる言葉ではなく、「薬草」のことを指していっています。一九五八年、コクトーは、この礼拝堂改修にともない、見事な線描デッサンをほどこしました。

一九九七年の早春に訪れ、その折に感じたままに書き留めた印象を、再録してみたいと思います〔拙著『パリ旅物語――サン・シャルル街に雨が降る――』（彩流社、二〇〇二年）参照〕。

三方の内壁には、御堂《みどう》の名にふさわしく、〈花をつけた種々の「薬草」（ミント、ベラドンナ、かのこそう、きんぽうげ、とりかぶと……）〉〔ミシュラン〕などが、壁面いっぱいに、一本一本並行に、垂直に、床から天井に向けて描かれ、淡い地味な彩色ながら、不思議と絢爛《けんらん》たる趣を醸《かも》している。一見、前衛風であり、古代ギリシャの紋様風でもあるが、なぜかぼくは、弥生式土器にきざまれた絵模様を思いだした。

正面祭壇には、黒線で正三角形に縁取りされた内側に、茨の冠をかぶったキリストの顔が描かれている。ミシュランの〈非常に美しい〉という評価をよそに、閉じた瞼《まぶた》が白目をむいて見え、迸り出る血のしずくの表象に、顔面いたるところに突き刺さった赤い待ち針を感じて、一瞬、目をそむけた。そこに、苦痛と苦悶と怒りの表情を読みとったのは、――でも、いったい、だれに対して?、――、誤解だったのだろうか。その上方壁面には、キリスト復活の図柄も描かれている。

御堂後方下に描かれたネコの、口元を引き締め、左右にヒゲを三本ピンとたて、どんぐり眼で上方をきっと見た、その表情が面白い。尻尾をあげて、すっくと立った四

サン＝ブレーズ＝デ＝サンプル
礼拝堂

「Jean Cocteau ＊ 1959」
のサインが見える
（著者撮影）

サン＝ブレーズ＝デ＝サンプル礼拝堂の「キリスト復活」のフレスコ画
（G. Soussen: *Jean Cocteau à Milly-la-forêt*〔Éd. 7 PRESSE〕）

本足と腹と床面で囲まれた空間のなかに、《Jean Cocteau ＊ 1959》（ジャン・コクトー＊一九五九）のサインがある。そうだ、コクトーはネコだ。眼をこのうえもなく見開いて、高く伸びた薬草のてっぺんのみを凝視するネコ。そこに、病むひとへの癒しの象徴が凝縮しているかのように。だから、茨《いばら》のキリストの復活を、ネコは、見ていない。

コクトーが亡くなったとき、遺体は、いったん柩《ひつぎ》に入れられて、サン＝ブレーズ＝デ＝サンプル礼拝堂の中庭に埋められ、受付のおばさんによれば、その八ヵ月後に掘り出され、――ミシュランの記載だと、一年後、――礼拝堂内部の床下の墓所に埋葬されました。床兼墓石の右下には、《Je reste avec vous》（私は、あなた〔方〕とともに残る）の碑銘が刻まれています。胸像もあります。ドイツ人彫刻家アルノ・ブレーカー（Arno Breker, 1900-91）の製作です。こうして、ピアフは「偉大な声」を残し、コクトーは「ともに残る」という言葉を残しました。

麦畑

このように、コクトーが最初に埋葬されたのは、サン＝ブレーズ＝デ＝サンプル礼拝堂の中庭でしたが、さきほども申しあげましたように、そのコクトーが、晩年住んでいたミイ＝ラ＝フォレ周辺は、当時、一面の麦畑でした。ですから、アマドが、作詞にあたって、歌中の主人公「詩人」の、——「詩人の星」の、——埋葬場所として「麦畑」を思いついたのは、ごく自然な成り行きでした、——《詩人の星は埋められた／……／広い麦畑のなかに》。そう、「詩人の星」が埋められたのは、「麦畑」のなかでした。

確かに、作詞家にとって、埋葬場所の設定に、「麦畑」は自然な成り行きだったでしょうが、結果として、菜の花畑でも、向日葵《ひまわり》畑でも、葡萄《ぶどう》畑でもなく、サン＝ブレーズ＝デ＝サンプル礼拝堂ゆかりの薬草畑ですらなく、「麦畑」が選ばれたことで、特別なイメージが膨らんできたように思います。

一般に、「麦」は、豊穣《ほうじょう》・収穫のシンボルであると同時に、死のシンボルともされています。繰り返しますが、——死と豊穣のシンボル、——だと。そこから、クリスチャンでなくても、すぐにも思い浮かべるのは、だれしもがよく知る聖書のあの〈ことば〉、——《一粒の麦は、地に落ちて死ななければ、一粒のままである。だが、死ねば、多くの実を結ぶ》〔『ヨハネ福音書』一二―二四、新共同訳〕でしょう。

これで、はっきりしました、――「麦畑」を舞台とする限り、死は「再生」なのだよ、――「レクイエム」（鎮魂の歌）は「復活の歌」に反転するんだよ、――といっているようなものですから。

このメッセージ、――ゲーテ流にいって、《死して成れ！》（Stirb und werde!）、――は、一度死んで後の「復活」は、凡人たるもの受け容れ難《いがた》いものがあります。ですから、ベッドの上で耳を傾けていた当時のわたしは、無意識のうちに、そうとは気づかぬうちに、こんな風に自己流に読みかえていたに違いありません、――死んだ気になって「生きよ！」と。

あのとき、トランジスターラジオから流れ出てきたベコーの元気な歌声から受けたメッセージは、――《だから見つかるのさ／……／あの広い畑に矢車菊が》の〈ことば〉が映し出したヴィジョンにわたしが見つけたのは、――これまで述べたこと以上でも、以下でもなかったように思います。

星の光

それから、四十代に入ってのことでしたが、ふと、あの入院当時を思い返し、このシャンソン『詩人が死んだ時』を聴きなおしたことがありました。そのとき、それまで気づかないでいた、ある柔らかい「眼差し」を意識したように思いました。それがなにかは、すぐには分かりませんでした。言葉としては説明しにくい、不思議な漠たる感覚です。「朧《おぼろ》な光」といっても、いいかもしれません。歌のなかの「詩人の星」（son étoile《ソンネトワル》）という表現が、印象的だからでしょうか？　歌中で光を放つのは「星」、――星の光、――だけなのですから。とすれば、感覚が捉えたこの不思議な光が、いったい、どこからやって来たかをさかのぼって辿ってみる必要があるでしょう。

繰り返すまでもなく、歌中の「星」は、――「詩人の星」は、――広い麦畑に埋められました。暗い土中にあっても、きっと、燦然《さんぜん》と輝きつづけるでしょう。そして、その「星」から放たれた光は、――無数の線条光《せんじょうこう》は、――暗闇を突き抜け、地上の広い麦畑に達し、そのすっと伸びた一本一本の光の軸先に、一輪ずつ、青い「星の花」を咲かせます、――「星」の表徴としての「矢車菊」を。……見渡す限り、一面、無数の〈青い矢車菊〉です。もはやそれは、地上の〈星世界〉といってもいいでしょう。

こうして、〈麦〉と〈青い矢車菊〉と〈星〉の三つは、三つながら手を携え、いまひとつの別なイメージへと、――じつは、ある「お方」へと、――わたしたちを誘《いざな》っていきます。

聖母マリア

突如、記憶のなかのある風景が、蘇《よみがえ》ります。八月十五日「聖母マリア被昇天の祝祭日」に訪れた、パリのある教会には、多種の花々と果実に加え、幾輪もの「麦穂」が飾られていたことを……。「聖母マリア」と「麦穂」の結びつきは、不思議と印象に残りました。元来、キリスト教では、「麦」は、――とくに小麦は、――葡萄《ぶどう》とならんで、聖体、――つまりは、キリストの肉体、――の表徴ですから、「聖母マリア被昇天の祝祭日」の供物《くもつ》に、「麦穂」が捧げられていたとしても、おかしくはありません。

また、その聖母マリアですが、キリスト教図像学では、マントの「青」は天の真実を表わし、衣裳の赤が示す天の聖愛と一対をなすということは、周知の事実です。フランス語の表現で、《子供に青い色を捧げる》（vouer un enfant au bleu）といえば、聖母マリアを讃《たた》え、願を懸《か》けて、子供に青い服を着せることですね。

実例としては、ポール・ヴェルレーヌの場合が比較的よく知られているでしょう。ポールの母は、二度の流産で、すっかり自信をなくしていましたが、結婚十三年目の一八四四年三月三十日午後九時、ひとりの息子を、無事に出産します。敬虔な母は、神に感謝しこう誓いました、──《この子は、きっと聖母さまの御子なのだから、ポール＝マリーと命名し、七歳までは青い服を着せて、聖母さまに捧げることにします》〔ピエール・プチフィス著、平井・野村共訳『ポール・ヴェルレーヌ』筑摩書房、一九八八年〕──と。

日本では、その昔、〈七歳までは神の子、──神様からの預かりもの、──八歳から人間の子〉といわれていたことがありますが、ふといま、このことばが被《かぶ》りました。キリスト教では、──立場は各種あるようですが、──イエス・キリストの信徒は、「神の子（たち）」と呼ばれているからです。それを踏まえてのことかどうかは分かりませんが、ポール・ヴェルレーヌの母は、我が子の命を、《七歳までは》聖母マリアに託しました。イエス・キリストではなく、イエス・キリストの母である聖母マリアに……。このことは、摂理としても実感としても、よく分かります。

青い矢車菊

そして、ここでまた、「矢車菊」(Bleuet《ブルエ》)です。その名称は、花の色、——つまり「青」(bleu/bleue)、——に由来しています。つまり、「青い花」(fleur bleue《フルール・ブル》)だから、「ブルエ」(Bleuet)というわけです。花の形象ではなく、花の色、——色彩、——のみに視点を置いた、単純率直な名づけ方です。

それに引き換え、日本では、鯉のぼりの棹《さお》の先に付けられた、凛《りん》として華麗な矢車に形が似ていることから、「矢車菊」と命名されたそうです。花の形象に目が留まったのですね。加えて、その矢車が青色の場合は、色も形も、一〇〇パーセント、「矢車菊」の的確な比喩ということになります。

そんな日本人と同様の感覚を、アマドとベコーは、持ち合わせていたようです。シャンソン『詩人が死んだ時』のなかで、「矢車菊」は、星の形に見立てられていることは、すでに

矢車菊

見ました。そして、いうまでもなく、星の光は、いつだって青白い色、――「矢車菊」の花の色、――と決まっているのですから……。

こうまで強く、「矢車菊」が「青」をイメージさせるとするなら、〈青い矢車菊〉は、その青さゆえに、「聖母マリア」に関して、なんらかの属性を指し示すことがあったとしても、不思議はないでしょう。アト・ド・フリース著、山下主一郎主幹『イメージ・シンボル事典』〔大修館書店、一九八四年〕は、――もっとも、この事典では、矢車菊を矢車草と誤解していますが、――その予想を見事に裏付けてくれました、――《……マリアの慎ましさ、キリスト教徒を表わす植物で……愛の希望、繊細さをあらわす》と、明記してくれています（傍点三木原）。

海の星

さらに、「聖母マリア」は、しばしば「星」に喩《たと》えられることでも、よく知られています。「海の星」（Stella Maris = Étoile de la mer）がそうです。新倉俊一著『ヨーロッパ中世人の世界』〔筑摩書房、一九八五年〕から、その証言と、宗教詩から引用した例証のひとつを、挙げておきましょう。

……中世ラテン語の宗教詩でいうところの「海の星」Stella Maris（ステラ・マリス）とは、「ヒトデ」を指すものではなく、夜の海で頭上に仰ぐ星のことで、「聖母マリア」のことにほかならない。

海の星よ、御身のみが夫なくして孕《はら》み給《たま》えり……

この「海の星」は、中世にあっては、具体的には、「北極星」や「金星」（明けの明星）と、みなされていたそうです。〔石井美樹子著『聖母マリアの謎』（白水社、一九八八年）参照〕

古語のような「海の星」（Stella Maris）ですが、けっして死語ではないようです。これも、一例挙げてみましょう。第一次世界大戦末期を背景にした珠玉の中篇小説、ロマン・ロランの『ピエールとリュス』（*Pierre et Luce*）のなかでのことです。徴兵を間近に控え、厭世的になった青年ピエールですが、メトロで初めて見かけた少女に、すっかり心を奪われてしまいます。そして、そのとき以来、その少女リュスが自分のなかで占めてしまった位置を確認しようとする場面で、このStella Marisという表現が使われています。

たとえ、もう二度とあの少女に会えなくても、ピエールには分かっていた、あの少女が存在しているということ、そしてあの少女が巣であるということが。嵐のなかの港、夜の闇のなかの灯台。「海の星《ステラ・マリス》、愛《アモル》」。愛の神よ、死の時にあって、ぼくたちをお守りください！……

〔ロマン・ロラン『ピエールとリュス』三木原浩史訳、鳥影社、二〇一六年、一八頁〕

Ne la revît-il plus jamais, il savait qu'elle était, et qu'elle était le nid. Dans l'ouragan, le port. Le phare dans la nuit. *Stella Maris, Amor*. Amour, veille sur nous, à l'heure de la mort!...

〔Romain Rolland : *Pierre et Luce*, Editions Albin Michel, 1958, Paris, p. 37.〕

引用中、大文字で始まるラテン語Amorも、単に「愛」ではなく、「愛の神」と訳すほうがいいかもしれません。「愛」が、「海の星」＝「聖母マリア」の相貌をとって現れている場面だからです。

さて、もうこれ以上、「海の星」について言及する必要はないでしょう。いま、必要なのは、ある位相のある文脈のなかにあっては、「星」＝「聖母マリア」を感得できるという文学的感性でしょうか。そうした感性世界にあって、シャンソン『詩人が死んだ時』の「詩人の星」が、地中から放った光で、地上に〈星世界〉、――広い麦畑一面の〈青い矢車菊〉、――を現出させるさまは、すでに見ました。

そのうちのひとつ、もっとも青く、明るく、美しく映える一輪の〈矢車菊〉を、想像空間に、「聖母マリア」に見立てたとして、なに不都合なことがあるでしょうか。要は、科学的真実ではない、感性世界のことなのですから……。そして、このとき初めて素晴らしい数式が成り立ちます、――「矢車菊」＝「星」＝「聖母マリア」、――の等式です。

こうしてみると、いつのころからか感じはじめていた、柔らかい「眼差し」、――「朧《おぼろ》な光」、――とは、歌中に隠れおわします「聖母マリア」そのひとだったのでしょうか……。その存在は、わたしには、あまりにも稀薄にしか映じていませんが、確かにいらっしゃるように思います。いや、たとえ微かにもせよ、このわたしにさえ感得できるものなら、信仰者にとっては、きっと、夜の闇のなかの「北極星」、あるいは「明けの明星」のような強い輝きを放つ光、――それはとりもなおさず、「神の愛」、――として感じられてくることでしょう、間違いなく。聖母マリアもまた神性を帯びていらっしゃるわけですから……。

一九一五年度徴収兵

〈青い矢車菊〉は、フランス全土、とくに「麦畑」に多い雑草だそうです。茎は五十センチから一メートルとか……、じつにありふれた花です。

しかし、面白いことに、フランスでは、「青」という色彩のみに着目して命名されたがゆえに、「ブルエ」＝「矢車菊」は、徹底的に「青」ゆえの「シンボル」を担うことになりました。

たとえば、〈青い矢車菊〉は、白いヒナギク、赤いヒナゲシとともに、痩せた土地に強く、三花、――つまりは、青・白・赤の三色、――組み合わせて、フランスの象徴とすることもあるようです。

それだけではありません、「矢車菊」(Bleuet《ブルエ》)は、第一次世界大戦(一九一四―一八)の折、出征兵士の「シンボル」になりました。どうして、このようなエピソードが生じたのでしょうか?……

明確な理由は、そう定かでない面もありますが、大体のところは、第一次世界大戦で、上から下まで「青」（bleu《ブル》）のオーヴァーコート風の軍服を着用した一九一五年度入隊の新兵たちに、年上の兵士たちが、「ブルエたち」（Bleuets《ブルエ》）、——即ち、「矢車菊たち」、——と渾《あだ》名《な》をつけたことに由来しているようです。Bleu《ブル》 ⇒ Bleuet《ブルエ》 の連想ですね。

もっとも、この軍服の色をより正確に表現すれば、「青」（bleu）というより、むしろ、「青灰色《せいかいしょく》」（bleu horizon ホライゾンブルー）、——ちょっとくすんだ水色、——といった方が分かりやすいかもしれません。フランス人にとっての「青」（bleu）は、日本人の感覚からすれば、若干、「濃青」気味（？）のように思いますので。

じつは、第一次世界大戦勃発時（一九一四年七月二十八日）の軍服は、それ以前からの「赤いズボン」に、——これも正確に描写すれば、赤というより茜《あかね》色（rouge garance）ですが、——「青いコート」を羽織っていました。ここでの「青」は、フランス人本来の感覚の《bleu《ブル》》です。ですから、戦場で、あるいは塹壕《ざんごう》のなかで、年長兵たちの汚れた赤茶けた軍服ズボンと、一九一五年度徴収兵たちの新品の「ホライゾンブルー」の制服は、際立った対照をなしました。それゆえ、大戦の間中、ずっとこの呼称、いや渾名《あだな》「ブルエ」（Bleuet）は、使われつづけました。「ブルエ」、——つまりは「新兵」、——つまりは「矢車菊」の人気はなかなかのもので、絵葉書やビラ・張り紙の挿絵やイラストとして、あるいは、シャンソンやポエムにおける比喩または象徴表現として、「矢車菊」が使用され、戦意高揚に貢献します。

アポリネール

ところで、ギヨーム・アポリネール（Guillaume Apollinaire, Rome, 1880-Paris, 1918）の詩に、『矢車菊』（*Bleuet*）という作品がありますね。この詩の内容は、戦意高揚ではなく、第一次世界大戦で、実際に従軍し、頭部に負傷もしたアポリネールが、若い兵士に呼びかける形で、戦場での苛酷な現実、あるいは人間心理を活写したものです、——《二十歳の青年よ／かくもおぞましいものを見た／きみよ、幼かったころの大人たちをどう思うかい？／きみは、勇気も狡さも知っている／きみは、死に百回以上も直面した／きみは、人生がどういうものかを知らない……》、——で始まり、末尾を、こんな戦争などなかった昔を懐かしんで、閉じていきます、——《ああ、かつての穏《おだ》やかさよ／いにしえの緩《ゆる》やかさよ》（三木原浩史訳）——。

タイトルの『矢車菊』は、第一次世界大戦が舞台ですから、もちろん「新兵」を指しています。不思議なことに、詩中には、一度も《bleuet》（矢車菊）という単語は、登場しません。

この詩は、フランス六人組（LE GROUPE DES SIX）《ル・グループ・デ・シス》のひとり、フランシス・プーランク（Francis Poulenc, Paris, 1899-Paris, 1963）によって、曲が付けられました。それが、歌曲『矢車菊』（*Bleuet*）です。アポリネールが死んで約二十年後の一九三九年十月のこと、奇《く》しくも第二次世界大戦が始まって（一九三九年九月三日、イギリス、フランスの宣戦布告）すぐのころでした。近代兵器がもたらした前大戦の悲惨さを知るプーランクの心境は、作曲するにあたって、いかばかりだったでしょう……。

そして、実をいえば、わたしがこの詩『矢車菊』を意識したのは、プーランクの歌曲が先にあってのことでした。ああ、作詩はアポリネールなのかと……。いまはもう手元にない、ＬＰ版『プーランク歌曲全集』〔発売元ＥＭＩ〕のなかの一曲。録音は、もちろん戦後で、今回、ダビングしておいたカセットテープで、改めて聴き直してみました。ここで歌曲『矢車菊』（*Bleuet*）を歌っているのは、スウェーデン人ニコライ・ゲッダ（Nicolai Gedda）。穏やかな、祈るようなテノールに耳を傾けながら、自ずと湧き上がるのは、やりきれない虚しさでした、――音楽はこんなにも美しいのに、戦争を前にしては、かくも無力なのか、と。

＊

そこで以下、一九一五年度新兵のニックネームから出発し、シンボルとしての意味を、次第に広げていった〈Bleuet〉（矢車菊）のその後について、概観しておきましょう。文献資料が手元に乏しく、インターネットに頼った部分もあって、多少、不確かな部分もありますが、今日のお話の筋にはあまり影響しませんので、お許しを請うことといたしましょう。

フランスの矢車菊

一九一六年のことです、アンヴァリッド（傷病兵施療院）で、傷病兵（傷痍軍人）たちの苦痛を目《ま》の当《あ》たりにしたふたりの女性看護師、シャルロット・マルテールとスュザンヌ・レナルトが、いくつかの作業班を組織し、傷病兵たちに、「矢車菊の花」(la fleur de bleuet)《ラ・フルール・ドゥ・ブルエ》を、――「記章」(insigne) を、――つまり、バッジですね、製作させる決心をしました。傷病兵（傷痍軍人）たちの苦しみを忘れさせ、社会のなかで生きる意欲をもたせたいとの願いからでした。これらの「記章」販売からの収入は、ささやかながら社会復帰のための資金になりました。当初、花弁は生地で、おしべは新聞紙だったとのこと。後の世代から見れば、これが、「フランスの矢車菊」(Le Bleuet de France《ル・ブルエ・ドゥ・フランス》) と呼ばれる「記章」の起源になりました。インターネット検索で、じつにさまざまな「フランスの矢車菊」の記章をみることができます。

一九二〇年九月十五日、フランス傷痍軍人会会長のルイ・フォントゥナイユ (Louis Fontenaille) が、ブリュッセルで開かれた連合国常任委員会 (Comité Permanent Interallié) の会議で、「フランスの矢車菊」を《フランスの英霊たち (Morts pour la France) を象徴する花 (la fleur symbolique)》とするよう、提案をします。

フランスの矢車菊

さらに一九二五年には、当初、アンヴァリッド内で、個々の傷痍軍人たちの責任のもとで作りはじめた「矢車菊の花」でしたが、アンヴァリッドの年金受給者の活動の範囲を広げようと、この年、歴とした作業場が創設されます。それまで内々だったものが、この時点で、事実上、公式化したといっていいかもしれません。これらの「記章」は、「フランスの矢車菊」として、よりいっそう、様々な機会に、広く一般に販売されることとなり、その一部が、傷痍軍人・退役軍人、及び戦没者家族に供され、生活上の必要に応えることになりました。

一九二八年、時の共和国大統領ガストン・ドゥメルグ（Gaston Doumergue）が、「フランスの矢車菊」を後援したことで、以後、販売がいっせいに全国に広がりました。一九三四年十一月十一日の休戦記念日には、十二万八千花、売れたとあります。「記章」は、《Sous forme de broches d'autocollants》との説明がありますから、ワンタッチ式だろうと思います。

以上を受けて、翌一九三五年には、共和国が、毎年十一月十一日に、全国いたるところで、「フランスの矢車菊」を販売してよい旨を、公表・公示しました。この時点で、「フランスの矢車菊」は、〈第一次世界大戦追悼記念の象徴〉であるに留まらず、過去のすべての戦争で〈フランスのために死んだ者たちの象徴的な花〉（＝フランスの英霊たちを象徴する花）として、国家レヴェルで公認されたことになります。

加えて、第二次世界大戦後の一九五七年には、二番目の募金集めの日として、ナチス・ドイツ無条件降伏の記念日五月八日が、それに充《あ》てられることになりました。そして、二〇一二年五月八日と、同年十一月十一日に、このときの大統領フランソワ・オランド（François Hollande）が、「フランスの矢車菊」の記章を胸につけて現れた写真が掲載されていますので、今日までずっと、この慣習は続いているようです。

が、そうしたことについてはいいでしょう。当面、問題になるとすれば、シャンソン『詩人が死んだ時』が作詞され、創唱された年（一九六五年）まで、ですから。

そしてもちろん、その一九六五年当時、「矢車菊」は、「フランスの矢車菊」として、――〈フランスのために戦死した者たちを象徴する花〉として、――全国民にしっかり認知されていたでしょう。しかも、コクトーの亡くなったのが、二年前の一九六三年十月十一日、第一次世界大戦休戦記念日十一月十一日のちょうど一ヵ月前です。

2017年5月8日フランス大統領選挙の翌日
「フランスの矢車菊」の記章を胸につけて
第2次世界大戦戦勝記念日の式典に出席する
エマニュエル・マクロンとフランソワ・オランド
新旧大統領
（写真提供：ロイター＝共同）

アマドもベコーも、ひょっとしたら、意識のどこかで、コクトーの死が、「フランスの矢車菊」の時期に近かったことに、思いを馳せたかもしれません。

もしそうなら、シャンソン『詩人が死んだ時』の〈広い麦畑に咲きでた矢車菊〉に、「フランスの矢車菊」のイメージを重ねようとの発想だって、――あくまで想像に過ぎませんが、――ありえたでしょう。なぜなら、「矢車菊」は、麦畑（champ de blé《シャン・ドゥ・ブレ》）だけでなく、いたるところ、荒れはてた戦場（champ de bataille《シャン・ドゥ・バターイユ》）に、ごくふつうに見られる花だからです。

たしかに、コクトーの死は「戦場」での戦死ではありませんが、しかし、前衛芸術運動の先陣を切って闘った天才の死であり、そしてなによりも、愛するピアフを失った直後の劇的な死でしたから。

そして、こうした情況の集積は、ひとつの新しい方向を生みだすでしょう。アマドとベコーのふたりは、シャンソン『詩人が死んだ時』の歌世界に、見事に咲きでた無数の「矢車菊」（Bleuets）を、無数の「フランスの矢車菊」（Les Bleuets de France）に見立て、密かに、いや公然と、コクトー哀悼、コクトー讃美を試みたのだと、……そう推理したとしても、あながち的外れとはいえないのではないでしょうか？　コクトーに、すでに共和国から贈られていたレジオン・ドヌール勲章とは別に、自分たちふたりだけで贈る、最高のオマージュとしての「記章」だと……。そして、それくらいの自由な解釈は、詩歌である限り、許されてもいいのではないでしょうか？

もっとも、いまとなっては、共作者ふたりの胸のうち、――真意、――を確かめるすべはありませんが……。

おわりに

以上、アマド＝ベコー共作のシャンソン『詩人が死んだ時』の《だから見つかるのさ／……／あの広い畑に矢車菊が》の平明な詩句が、想像空間のスクリーン上に映しだしたヴィジョンに導かれるがままに、――それは、春の陽光のなか、麦畑一面に咲きほこる「青い矢車菊」のほんとうに美しい映像であり、――そしてまた、それは、地上の〈星世界〉を思わせるものでもありましたが、――わたしが見つけたのは、先ずは〈再生の美学〉、次に〈聖母マリアの慈愛〉、さらには「フランスの矢車菊」を想定しての〈コクトー讃辞〉でした。

自由気儘《きまま》に、空想の翼を広げ、読みの三態を楽しませていただきました。厳格厳正な実証主義の立場からいえば、単に感想に過ぎぬ、とのお叱りを受けるかもしれませんが、どうかご寛恕《かんじょ》くださいますようお願い申し上げます。

あとがき

シャンソンを「歌う」、シャンソンを「聴く」と、三幅対《さんぷくつい》をなすのがシャンソンを「読む」という楽しみです。その楽しみを、「書く」という作業に転写した最初の作品は、シャルル・トゥレネ（Charles Trenet）の、——ふつうは、トレネと表記、どちらが原音に近いかしら?、——『ラ・メール（海）』（*La mer*）でした。

大阪教育大学でのフランス語の授業の合間、コーヒーブレイク風にこのシャンソンを流したところ、突如、イメージが浮かび、ふくらみ、教室の壁を、窓を、天井を突き抜けて広がっていくのを覚えました。三十五歳の初夏、六月でした。

帰宅し、机の前にすわり、そのイメージを追いかけ、四百字詰め原稿用紙のうえに書きつけていったところ、八十枚になりました。わたしのシャンソン論の誕生です。この『ラ・メール』論は、拙著『シャンソンの四季（改訂増補）』〔彩流社、二〇〇五年、二八〇〇円＋税〕に収められています。以後、随分と、シャンソンを聴き、読み、そして書いてきました。いまでは、人生の一部になってしまっています。

おや、「歌う」、……がないですって？　そう、残念ながら、わたしは歌えません。無念！

「ラ・シャンソン・フランセーズ」は、確かに、サブカルチャーに属すものでしょう。しかし、人間を豊かにする文化や芸術に、上も下もないということ、高級も低級もないということを、拙著をとおして実感していただければ、嬉しく思います。そして、少しでも「ラ・シャンソン・フランセーズ」に関心をもっていただければ、――なにより好きになっていただければ、――望外の喜びです。それは、とりもなおさず、シャンソンをとおしてフランス人に、いやフランスそのものに思いを致すことになると思うからです。みなさまの、ご批判、ご叱正をお待ちしております。どうか、よろしくお願い申し上げます。

＊

この小さな本を作るにあたって、多くの方の御世話になりました。宝塚関連については宝塚研究家田畑きよ子氏に、スペイン語については寺本あけみ氏に、その他全般については、シャンソン研究会の仲間である山本省氏・吉田正明氏・岩本和子氏・高岡優希氏・戸板律子氏、さらには山田イザベル氏にご教示を仰ぎました。ここにお名前を記し、感謝にかえさせていただきたいと思います。

また、鳥影社社長の百瀬精一氏ほか、編集部のみなさまにも、厚く御礼申し上げます。

＊

最後になりますが、わたしの大学時代の恩師、本城格《いたる》先生が愛しておられた、十六世紀の詩人ピエール・ドゥ・ロンサール（Pierre de Ronsard, 1524-84）の次の詩句を、読者のみなさまにお贈りし、このあとがきを終えたいと思います。

今日より摘みたまえ、生命《いのち》（人生）のバラを
Cueillez dès aujourd'hui les roses de la vie
〔Pierre de Ronsard, *Sonnets pour Hélène*, 1578〕

二〇一七年　六月 吉日

古都奈良にて

三木原 浩史

〈著者紹介〉

三木原　浩史（みきはら　ひろし）

1947年　神戸市生まれ。
1971年　京都大学文学部フランス語学フランス文学科卒業。
1977年　京都大学大学院文学研究科博士課程
（フランス語学フランス文学専攻）中退。
経　歴　大阪教育大学教育学部助教授、
神戸大学大学院国際文化学研究科教授を経て、
現在は、神戸大学名誉教授。シャンソン研究会顧問。
浜松シャンソンコンクール（フランス大使館後援）審査委員長。
専　門　フランス文学・フランス文化論（特に、シャンソン・フランセーズ研究）。
著　書　『シャンソンの四季』（彩流社、1994年、2005年改訂増補版）
『シャンソンはそよ風のように』（彩流社、1996年）
『フランス学を学ぶ人のために』（共著、世界思想社、1998年）
『パリ旅物語』（彩流社、2002年）
『シャンソンのエチュード』（彩流社、2005年、2016年改訂版）
『シャンソンのメロドラマ』（彩流社、2008年）
『シャンソンの風景』（彩流社、2012年）
『随想・オペラ文化論』（彩流社、2017年）
論　考　ロマン・ロラン、シャンソン・フランセーズ、オペラ等に関するもの。
訳　書　みすず書房『ロマン・ロラン全集』
第13巻所収「ニオベ」
第19巻所収「演劇について」（共訳）
ロマン・ロラン『ピエールとリュス』（鳥影社、2016年）

すみれの花咲く頃、
矢車菊の花咲く時
—おしゃべりシャンソン—

定価（本体1600円+税）

乱丁・落丁はお取り替えします。

2017年 7月12日初版第1刷印刷
2017年 7月18日初版第1刷発行
著　者　三木原浩史
発行者　百瀬精一
発行所　鳥影社 (www.choeisha.com)
〒160-0023 東京都新宿区西新宿3-5-12トーカン新宿7F
電話 03(5948)6470, FAX 03(5948)6471
〒392-0012 長野県諏訪市四賀229-1(本社・編集室)
電話 050(3532)0474, FAX 0266(58)6771
印刷・製本　モリモト印刷・高地製本

ISBN978-4-86265-624-7 C0073